名师名校名校长

凝聚名师共识
回应名师关怀
打造名师品牌
培育名师群体

成长驿站

新时代城市小学
实践育人的新赛道

郑君辉 著

北京出版集团
北京教育出版社

图书在版编目（CIP）数据

成长驿站：新时代城市小学实践育人的新赛道 / 郑
君辉著. -- 北京：北京教育出版社，2023.12
ISBN 978-7-5704-6053-3

Ⅰ. ①成… Ⅱ. ①郑… Ⅲ. ①小学—教学研究 Ⅳ. ①G622.0

中国国家版本馆CIP数据核字（2023）第251873号

成长驿站：新时代城市小学实践育人的新赛道

郑君辉　著

*

北 京 出 版 集 团
北 京 教 育 出 版 社　出版

（北京北三环中路6号）

邮政编码：100120

网址：www. bph. com. cn

京版北教文化传媒股份有限公司总发行

全国各地书店经销

河北宝昌佳彩印刷有限公司印刷

*

710 mm×1 000 mm　16开本　15.25印张　225千字
2023年12月第1版　2023年12月第1次印刷
ISBN 978-7-5704-6053-3

定价：58.00元

质量监督电话：（010）58572525　58572393

序 言

重新发现实践的育人力量

我国历来就有"躬身践行""知行合一"的实践育人传统。及至近代教育家陶行知提出"生活即教育"的思想，强调"过什么生活便受什么教育""教、学、做合一"的生活实践教育。中华人民共和国成立后，我国将"教育与生产劳动相结合"作为教育方针。随着新一轮课程改革，《义务教育课程方案（2022年版）》中进一步将"变革育人方式，突出实践"明确规定为课程教学改革的基本原则之一，其实质是对实践育人原则的重申。

在新时代的背景下，实践育人的重要性越发突显，它存在着三个方面的深刻意蕴：其一，"为了实践育人，通过实践育人，在实践中育人"，不只是原则和指导思想，更是路径、操作模式、方法和策略的集合；其二，对受"学历社会"和"应试教育"影响，重书本理论知识学习、轻真实实践学习，以及"教书育人"与"实践育人"渐行渐远的纠偏；其三，对国际基础教育课程改革关注学生幸福生活能力、创新精神和解决问题能力的回应，将实践育人作为沟通学习方式与育人方式变革的核心纽带，并首次提出学科实践、跨学科实践，确立实践育人在课程与教学本体中所具有的重要地位，从根本上改变了实践育人在学校教育教学体系中的从属、片段、补充性地位。

因此，中小学亟待研究破解有效贯彻实践育人原则，探索实践育人具体形态的新课题。这一课题之难点在于完全性实践与育人性实践的平衡。所谓完全性实践，是指未经简化、过滤和剪裁，具有整合性和生成性的实践，是实践育人的独特价值之所在；所谓育人性实践，是指蕴含特定教育目标、有意设计和组织的育人元素的实践，是实践育人独特价值得以充分实现的条件。

实践的整合性。"实践之为实践的麻烦就在于：任何在实践中出场的人、物、事都是整体出场的，没有任何事物或事情是按照理论上的陈述分类、学科分类、价值分类来出场的，即没有按范畴出场的①。"实践为各种因素提供了汇集的空间，学生作为实践性学习的主体，在现实而具体的各种要素的碰撞中识别问题，选择和运用知识、资源、工具解决问题，构建意义，从知识的学习者走向实践中经验的发现者、发生者。

实践的生成性。实践依赖于"特定环境"和"现实存在"，即实践的背景、环境、时空，以及实践主体的行为、主体间的社会交往，都会影响实践的演进及最终结果。学生进入实践场域，以文化、经济、社会的实践者身份，参与和投入实践，构成并处理与外部世界的关系，其间生发的知识建构、问题解决和社会情感发展随实践的发展推进因时而动、因势而生，是无法完全预设的。

实践的教育性。整合性和生成性是通过实践淬炼，围绕育人目标积累的有教育价值的学生发展性经验的有序集合。杜威认为，这种有教育价值的经验具有两个先决条件：一是经验的连贯性，二是对经验的理性反思。因此，中小学实践育人在坚持完整性的同时，更应科学地设计，这有助于为学生建立系统的、连贯的、经验的实践活动，并通过有意的反思促进默会知识与显性知识的相互转换和知识的创生，最终实现实践学习的发展性。

杭州师范大学东城第二小学（以下简称"东城二小"）是浙江省最早探索实践育人形态的学校之一。从"爬山虎研究院"开始，学校致力于从实践育人路径、空间、模式、活动、策略、工具等维度，构建符合小学生认知特点，与小学生生活相契合的三大实践育人样态。

---

① 徐长福. 走向实践智慧：探寻实践哲学的新进路［M］. 北京：社会科学文献出版社，2008：8.

第一，生活性实践育人。培养学生的幸福生活能力，面向小学生个人及其家庭生活、校园农场劳动构成的生活实践场域，引导学生真正进入与"我"有关的日常的、现实的生活，帮助学生在提升自己生活品质的实践中，学会解决问题，在改造和丰富自己的生活过程中提升生活能力，构建自己对幸福生活的理解与追求。学生在生活性实践中所习得的不完全是"真理问题"，而更是"幸福问题"[①]。

第二，工具性实践育人。培养学生的结构化思维和解决问题的能力，以学科实践和跨学科实践作业、项目为工具性实践载体，充分发挥学科应用和问题解决的特点和优势，在真实的情景和任务中，引导学生像学科专家那样运用学科和跨学科知识、工具思考并行动，通过对问题驱动的动手操作、亲身探究来认识和理解事物的本质、内在关系及规律，形成正确的认识和理解事物的思维方式。

第三，社会性实践育人。培养学生的社会性情感与实践能力，这是通过创设让学生真正走入社会、服务社会的实践，在真实的社会情景中引导学生形成社会关系，参与社会公共生活，关注社会，思考社会问题，分析和解决社会问题，建立自我与社会的关系，促进学生的社会化成长。

尤其值得一提的是，东城二小在实践育人样态的探索中，不仅成功地构建了生活性实践、工具性实践和社会性实践三大实践育人的场域环境，深入地探究了作为实践育人空间的实践场所和实践场景的特征，而且还对实践育人的文化资源、科技资源、社会资源、自然资源、认知与交流支架资源等进行了全面的开发，并通过实践活动课程的设计、安排和组织，形成了一套卓有成效的、促进经验连贯性和反思性的实践育人流程、策略与工具，有效地破解了实践育人容易出现的虚假实践、浅层实践、表演性实践等难题。

东城二小的实践育人成果实现了对儿童的成长价值，为儿童进入世界、参与世界、改造世界打下了坚实的基础。这些成果不仅为我国高质量实践育

---

① 赵汀阳. 知识，命运和幸福 [J]. 哲学研究，2001（8）：36-41.

人提供了一个成功的案例，也为深化基础教育改革提供了宝贵的经验，具有良好的借鉴意义。相信学校将在实践育人的道路上持续探索、行稳致远，取得更为丰硕的成果，为培养更多具有正确价值观、关键能力和必备品格的时代新人作出更大的贡献。

林　莉

浙江省教育科学研究院基础教育研究所所长

2023年10月16日

打造具有自身特色的实践育人体系

　　杭州师范大学东城第二小学（以下简称"东城二小"）成立于2012年7月，是杭州师范大学东城教育集团内的一所上城区区属公办小学。学校位于杭州上城区"金靴脚后跟"，南临钱塘江，占地面积19 765平方米，建筑面积12 201平方米，是一所现今办学规模为37个班的现代化学校。校园环境优美，白沙旱溪、紫藤廊架、景石等景观富有品位。建校以来，在郑君辉校长的领导下，学校积极响应国家关于加强实践育人的号召，致力于开展实践育人教学改革，办学特色逐步彰显。学校以发展学生核心素养为目标，以"对孩子的一生负责"为办学理念，以"让每一个孩子成为勇于担当和善于担当的弄潮儿"为育人理念，逐渐明晰了"修身以仁、学习以智、立志以勇"的校训和"激情、开放、阳光、奋进"的校风。多年来，学校不断探索创新，积极引导学生走出课堂，通过社会实践、志愿服务、体验活动等方式，学习知识、锻炼能力、养成习惯。从"爬山虎研究院"到如今的"成长驿站"，学校不断在实践中创新，逐步形成了一整套具有自身特色的实践育人体系。

　　实践育人是党和国家对基础教育改革发展所提出的政策要求，也是全面贯彻党的教育方针，落实立德树人根本任务和培养德智体美劳全面发展的社会主义建设者和接班人的关键抓手。所谓"实践育人"，即在学科育人的基础上，加强学科实践、跨学科实践和综合实践活动，让学生在真实世界中解决真实问题，在实践中培养具有实践能力的时代新人。

　　《成长驿站：新时代城市小学实践育人的新赛道》以生活驿馆、学习驿馆及精神驿馆为三大载体，对学校成长驿站的建设理念、原则与实施策略等进行了详细的考察，建构了新时代城市小学实践育人的新模式。它凸显了"以人为本"的教育思想，注重将学生的全面发展与个性发展相结合；注重实践教育，通过实践活动培养学生的实践能力和创新精神；强调家校合作，发挥家庭生活教育的优势，以"家校社"三位一体协同促进学生的成长。从爬山虎研究院到成长驿站，学校的实践育人经过了怎样的探索历程？成长驿站的特征、内容及实践模式为何？这些内容构成了著作的首章。成长驿站由爬山虎研究院孕育而来，作为实践育人的新赛道，它具有体验性、实践性、联通性，以"一核三馆"为内容，建立了"三联四环"的实践模式。接下来为平行的三章，分别对"生活驿馆""学习驿馆""精神驿馆"的实践育人图景进行了阐述，重点包括理论阐述、课程建构、空间打造、实践探索等内容。在此基础上，著作第五章分析了成长驿站作为城市小学实践育人新赛道"连接创造无限可能"的宗旨和成效：学校成长驿站致力于教师与学生的可持续发展与终身发展，通过"成长驿站"的实践育人模式，达成了学生实践品格的整体进阶、教师实践育人素养的全面提升及学校发展特色鲜明"金名片"树立的终极目标。

从框架建构和内容写作方面而言，该著作体现了以下两大特点：第一，高屋建瓴的理论建构与脚踏实地的实践探索并重。成长驿站作为城市小学实践育人新赛道的探索，它基于学校既有实践育人探索的实际，既是对基础教育改革和发展趋势的把握，又是对党和国家政策方针路线的落实。尽管以实践育人模式的建构为指向，该著作也并没有忽视理论探讨。它对成长驿站整体及三大载体都进行了理论体系+实践探索的框架建构和内容梳理。它对主题和核心概念进行了理论化的阐释，介绍了与之相关的教育教学理念、原则和方法，在构建出完整的理论框架体系的基础上，通过目标定位、内容设计、教学过程、效果评价等多个环节，设计出具有情境化、生活化的实践育人课程案例，并针对如何将理论和原则运用到具体的课程活动设计及教学实践中去做了详细说明。最后，结合案例实施和反思，分析理论运用中可能遇到的问题，并提供相应的完善意见。通过上述过程，能够将相关原理、理论运用到学校实践育人活动中去，以提高理论对实践的指导力。与此同时，学校具体案例实践的反馈，能够深化读者对这些理论的理解和运用，最终更好地实现理论与实践的相互促进。第二，凸显自身特色的个案探索与提炼普适元素的区域推进并行。该著作以东城二小自身的特色和实践为基础，通过对学校实践育人个案经验的提炼，建构起"城市小学实践育人"的理论体系和实践模式，提炼出具有相对普适的、能够进行区域推进的相关要素，从而为城市小学实践育人的整体推进打造样板。以东城二小开展的学生社会实践、专题活动教学、生活化课程设计等实践育人教学活动作为具体案例，进行深入的研究与分析。通过对这些实践育人活动进行系统梳理，深度剖析其理论基础、运作机制、方法步骤、实践效果等方面的优势与劣势，可以发现其所涉及的教学理念、组织形式、具体做法等都具有一定的普适性，能够让区域内其他学校根据自身情况改编运用。因此，该著作中的具体实践案例可作为区域内乃至其他地区学校实践育人工作实施的范例，对推广实践育人工作、提升学校实践育人水平具有一定的参考价值和借鉴意义。

总体而言，该著作系统地总结和提炼了东城二小在实践育人方面的理念、模式与具体策略。它既遵循了实践育人的政策逻辑和学理逻辑，具有较强的政策高度和理论深度，同时也秉持了实践育人的现实逻辑，真实记录与分析了该校的育人理念与育人实践，并总结和提炼出独具特色的"成长驿站"实践育人模式，具有较强的理论性与实践创新性。

着眼于学生核心素养的发展，郑君辉校长期望以东城二小为例，探索学校实践育人的变迁过程，并将其经验提炼为极具辨识性和学理性的理论体系，形成学校独特的实践教育区域品牌，塑造新时代现代化学校实践育人体系，为更多学校的教育教学现代化改革提供借鉴与参考，为共同推进新时代基础教育高质量发展，培养全面发展与个性发展相协调的社会主义建设者和接班人，交上一份高质量的答卷。

严从根

教育部青年长江学者

杭州师范大学经亨颐教育学院院长

2023年9月27日

前 言

以"连接"为始　创建一个美好的成长驿站

对孩子来说，学堂不仅仅是课堂，更是他们与之发生连接的每一个场景。学校就是一个比家大一点儿的生态社区，是个体情感发展和社会价值实现的美好空间。

——题 记

在向着第二个百年奋斗目标迈进之际，认真研读国家教育政策与相关讲话精神，让我们看见一个清晰的育人新目标。《义务教育课程方案和课程标准（2022年版）》从有理想、有本领、有担当三个方面确定了义务教育培养目标，并明确指出改革重点体现在"强调素养导向、优化课程内容组织形式、突出实践育人"。2023年5月29日，习近平总书记在中共中央政治局第五次集体学习时强调，"建设教育强国，基点在基础教育""基础教育既要夯实学生的知识基础，也要激发学生崇尚科学、探索未知的兴趣，培养其探索性、创新性思维品质"。2023年5月，《基础教育课程教学改革深化行动方案》提出"因校制宜'一校一策'，把国家统一制定的育人'蓝图'细化为地方和学校的育人'施工图'，明确课程教学改革的具体路线、措施，提出困难问题破解之策"，这体现了基础教育要主动适应社会、家庭和儿童需求的人民立场。

培育时代新人，我国基础教育阶段创新人才培养的实践范式正处于转型的关键节点。对学校来说，主动回应社会发展变革，以新责任重构育人机制，以新资源支撑全面发展，以新方式促进深度学习，在实践育人的过程中将创新思维与学生个人价值和社会价值的实现与意义关联建构，实现课程、教学与学习方式等内在技术的升级迭代，实现学习空间等外部环境的同频共振，为每一个孩子的健康成长自觉担当，为国家人才所需自觉培养，这是每一所学校肩负的时代使命。

那么，如何将育人蓝图转化为学校自觉的改革行动？

杭州师范大学东城第二小学（以下简称"东城二小"）基于"对孩子的一生负责"的理念，2015年确定育人目标为"让每一个孩子成为勇于担当和善于担当的弄潮儿！"担当需要态度和能力，需要勇气和智慧，基于明晰的育人追求，学校坚持"先理念，后课程，再空间"的发展思路，遵循"实践育人"原则，力求学校所有的空间都具有"主动育人"的功能，经历了十几年的实践探索，从构建"实践类课程"，即"多方资源共建特色课程群东城样式"（研究成果荣获浙江省教育科研优秀成果二等奖），到探索"实践学习"，即"基于项目化学习创建指向关键能力的东二学习新样态"（获杭州市优秀成果一等奖），目前进入"实践育人"研究，即"用实践的方式培养具有实践能力和实践品格的人"，通过构建良好的学习场景，建设成长驿站，让学习连接生活，重新定位学校功能，促进了泛在学习、自适应学习，深度推进了学校系统变革（承担为期三年的杭州市第四届重大课题研究任务）。

学校就是一个比家大一点儿的生态社区，强化连接、突破边界，为孩子的成长赋予无限的可能。连接，从某种意义上理解，即好的教育就是好的连接，好的教师就是好的连接者，好的学校就是好的教育生态。

为什么以"连接"为始？要回答这个问题，我们需要重新思考学习的本质。学习的本质就是创造有效的连接。首先，从脑科学来说，学习的本质就是神经元之间的连接，这种连接的丰富性、牢固性、通畅性决定了人的智慧和能力。在学习中，"整合和应用"是巩固神经连接的最佳路径①；其次，从认知心理学来说，学习的本质就是三个不同维度的信息之间的创意连接；最后，从社会学来说，佐藤学认为学习是相遇与对话，是与客观世界、与他人、与自我对话的三位一体活动。由此可见，学习不是凭空产生，而是由一个个活生生的自我进行创意连接，找到自己所需要的知识与知识、知识与生活之间的有机联系，在与人、事、物的交互中建构概念，丰富个体经验情感，经历过程，从而实现个性化成长。

现如今，时代技术变革之快，让我们的教育教学面临着从未有过的严峻挑战。学校如何创设强"连接"网络，让学生拥有"连接力"呢？

十多年来，东城二小创建了以"实践"为主轴的成长驿站，以"身体参与和亲身经历"为表现形式，建设了指向生活、学习和精神的三大驿馆，构建"一轴三类双9"的实践育人模式，链接多资源、多工具、多场景，让学习连接生活、连接社会，帮助学生在活动中建立"我与社会"的积极关系，指向实践能力（生活实践能力、探究实践能力、社会实践能力）的培养，帮助学生成为"喜欢生活、喜欢思考、喜欢社会"的"幸福生活者、问题解决者、责任担当者"。

那么，《成长驿站：新时代城市小学实践育人的新赛道》中的"驿站"又是什么意思呢？

所谓"驿站"，在概念理解上，首先让我们想到的是一个物理的空间概念。古代的"驿站（post）"是指为传递军事情报的官员途中提供食宿、换马的场所，是指具有信息传递、交互功能的特定空间；如今"驿站"重现江湖，承担了时代使命，成了服务大众的特定场所，如城管驿站、城市驿站、菜鸟驿站等。而当前我们的成长驿站，是为了满足不同学生群体需求、服务多样化学习的开放型空间，是在全校范围内循序渐进打造的生活驿馆、学习驿馆、精神驿馆等物理场所和虚拟场所。

---

① 贺岭峰. 如何帮助孩子科学提升学习效果：基于脑科学和心理学的视角［J］. 人民教育，2022（10）：19-24.

我们需要什么样的驿站？古代驿站组织严密，需持特定凭证如"邮符"和"火牌"等，担负着各种政治文化、军事经济等方面的信息传递任务，具有信息采集、指令发布与反馈功能；现代城市的各类驿站，本着"为民服务"的理念，为有需要的人提供休息、学习、交流、应急等各项功能，这样的连接诠释着人文情怀的开放、包容和共享；我们的成长驿站，是一种教育语境，它包括实体空间、数字空间和共享空间。在顶层打造上，秉持"强体验、趣空间"的理念，"驿站"发挥着连接"实践"场域的作用，拓展了学习边界。在场景塑造上，追求趣味性与亲和力，以开放的姿态吸引有需求的孩子弹性使用。在功能上，呈现"多场景、多资源、多工具、多方式、多价值"的五多连接，追求有意义的学校生活变革。

十几年来，东城二小建驿站，内挖潜力，外拓增量，提升社交属性。在实体空间上变"教室"为"学室"，提升改造专用教室，如力学实验室、木工制作中心等，向学习资源室和研究室进化；充分利用学校空余空间，如走廊、大厅等，建设作业长廊、问题树洞、红色画廊等；整合拆分现有的空间，打造爬山虎研究院、自然小花园、艺术文创园等；在创建共享空间上，充分利用校外和社区资源，如百个儿童家庭实验角、项目研学院、红领巾提案轩等；在数字空间上，线上线下创设学习平台，让人工智能作用于学习场景，及时记录学习历程，完成学习画像和学生画像，为多元评价赋能，以评促学。

这是一本东城二小经过十几年"做"出来的书，东二人以执着和热情走在变革探索之路上；这是一本背后蕴含着鲜活故事的书，记录着我们日常的教与学。感谢专家团队的支持，感谢编写团队的努力和奉献。本书章节作者为：第一章郑君辉、朱姗姗、郝晚露；第二章许韵紫、陈瑶、吴橙；第三章王梦婷、胡炬辉、郑涵；第四章骆春蕾、李燕、王紫怡；第五章陶煜仙、高正大、吴一清。最后由朱姗姗、徐洁、曾宣伟统稿。

小步精进，我们以"连接"为始，创建了一个美好的成长驿站，走进社会世界、自然世界、虚拟世界，穿越学校围墙，UGCS协同育人特色鲜明，东城教育集团的特色办学模式也获得国家教学成果二等奖。以学为中心，让

空间主动育人，突破育人边界，让学习场景由固定变为泛在，孩子的足迹所
至即学习所至，人际交往所至，让每个孩子成长为幸福生活者、问题解决者
和责任担当者，成为时代弄潮儿！

郑君辉

杭州师范大学东城第二小学

2023年10月8日

目 录

第一章

成长驿站:

新时代城市小学实践育人的新赛道

东方文化智慧"象思维",善于从自然物象或现象中体悟出人的精神,并追求和实践这种精神,这也被称作创造力的源泉。基于"爬山虎为什么不爬墙"的真实问题引发系列真学习、真探究,东城二小创建了指向自然人文的爬山虎研究院,进而衍生打造了成长驿站。成长驿站重构学习空间,以促进每一个学生健康快乐成长为核心,从有形到无形,连接课堂内外、连接线上线下,不拘一格,为学生全力打造一个友好、温暖和充满体验、研究氛围的学习社区,从学科本位走向育人本位,从标准培养走向差异培养,让学生在生活性实践、工具性实践、社会性实践中,培养生活能力、问题解决能力和社会责任感,从育人理念、育人课程和育人课堂三个关键维度形成改革支点,全方位推进学校育人方式变革,全面引导学生美好成长。

第一节　从爬山虎研究院到成长驿站

2022年版绝大多数学科类课程的义务教育课程标准在课程内容板块新增了"跨学科主题学习"，并规定要占用不少于本课程10%的课时。"爬山虎"是东城二小学教方式变革和育人方式变革的重要课程事件，指向跨学科主题学习，它打破了学科单一思维，标志着东城二小对学习与空间、学习与内容、学习与技术等方向的有力探索，着力破解新课改背景下"如何满足多样化学习需求"这一疑难问题。

从爬山虎研究院到成长驿站，让学生在玩中学、做中学，让"体验参与"重磅回归，"驿"路成长，能量加满。东城二小以成长驿站为主赛道，从课程架构、课时安排、教学方式等不同维度，建立了以年级为纵向、以学科为横向的实施方式，实现了班级、校园、社会的全方位育人。

一、从爬山虎到爬山虎研究院

在东城二小，有这样一面面墙，目光所及都是满满的爬山虎，它静静地生长，不声不响。绿瀑般的爬山虎、红透的爬山虎，在四季更替中，酝酿一场场的美丽。爬山虎从墙顶喷薄而下，肆意张扬，片片绿叶，迎着骄阳，形成了一道密不透风的墙。撩开绿叶，褐色的藤弯弯曲曲，坚定地攀缘在光滑的墙壁上，一直到屋顶，像一条绿色的巨龙一样随时准备腾空而起。偶尔也会遇见几个学生在墙壁边，给它松土、浇水、拔草，精心地养护它，满心欢喜地希望它茁壮成长。校园里也会回荡着《爬山虎之歌》："小小的脚儿梦想大，追赶星空向前攀……"

（一）那"一抹绿"：爬山虎

那"一抹绿"，是对我校师生共同探究学习的回赠，更是对生命的热爱和追求；那"一抹绿"，是基于生活现象或真实疑问的科学探究、调研和创新实践活动；那"一抹绿"，符合创新人才培养所需的新思路和新方法，为培养学生的科学精神和科学创新能力而努力。

1."你"为什么不爬墙

拨动时光的指针，定格到2016年。学校因外墙砖掉落而将全部外墙改为涂料装饰，驻足远望，没有脑中设想的碧绿油画，只剩光秃秃的墙面。全校师生采用了许多办法，例如借助钉子、竹竿等工具助力爬山虎，可是爬山虎依旧不爬墙。于是，全校师生联动社会专业人士深入研究原因：是江边土壤潮湿？学校地基下建筑垃圾太多？学校墙面太光滑？还是爬山虎的品种不对……

教师结合真实的日常生活现象，设计了具有趣味性、挑战性的问题情境，通过大量对比实验、反复验证等指导学生进行合作探究，利用自身的调查、研究来分析和解决新问题，真正理解科学知识的发现过程，以创新的形式、趣味的实践，让学生在生活化的场景中学习、感悟和提升。

渐渐地，"爬山虎"成为全校学生的一门必修课，它符合小学生的身心发展特点和阶段性需求。"爬山虎"也被《每日商报》整版报道（如图1-1-1所示）。

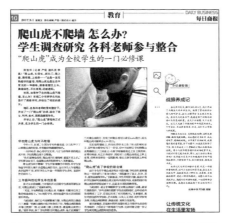

图1-1-1　《每日商报》报道"爬山虎"

2. 那不仅是单纯的绿，更是品格的培育

从师生大讨论到探究学习，再到邀请农林专家指导，最后到全学科卷入研究，经过八年培植，校园里的每一面墙都爬满了爬山虎。每个人来到学校，总会驻足惊叹那一抹生机勃勃的绿色，这也成了学校的标志性景观。

那像绿色瀑布一样的爬山虎，纵然前路灰暗，纵然天空遥远，纵然要接受烈日的烘烤，但它还是以固有的姿态前行着：以细弱的根须抓牢粗糙的墙壁，以翠绿的叶片装点灰暗的天空，以坚持不懈的毅力执着向上，以顽强拼搏的精神开辟属于自己的一片广阔天空——明媚了无数人的眼睛，释放了无尽的氧气，却吸收了数不清的尘埃和二氧化碳，还用自己柔嫩的臂膀挡住了烈日的暴晒和风雨的侵蚀。

那一抹绿，那一墙爬山虎，是生命成长的象征，它朴实无华，不为开花结果，向下借力生长，无畏底下的烂石与黑暗，向上努力生长，只为更靠近太阳。爬山虎，蕴含着坚强与倔强、信念与希望。

学校不是教育的孤岛，学校文化也不是孤立地存在于学校，而是存在于相互联系、打上文化烙印的生活世界中。爬山虎精神启迪着师生：在学习和生活中遇到困难或挫折时，要勇担责任，心蕴"爬山虎精神"，学习爬山虎奋发向上的精神和坚忍不拔的意志，一步一个脚印向前走，终会站在巨人的肩上，向着阳光，向着光明勇敢攀登！这也与学校"让每一个孩子成为勇于担当和善于担当的弄潮儿"的育人理念不谋而合，也正是学校想要培育的学生品格。

东城二小坚持一切为了学生的发展，坚持将实践与育人紧密结合，强化对学生的价值观塑造，关注学生的品质延续和发展，充分发挥实践育人的导向作用，为党育人、为国育人，不断引领广大少年儿童努力成长为能够担当民族复兴大任的时代新人。

（二）爬山虎研究院的诞生

"爬山虎"指向跨学科主题学习，深入学习不同学科知识，整合不同观点和方法，鼓励团队合作、实验探究，从不同角度思考、理解和解决问题，学生对这种合作学习、自主探究的学习方式产生了浓厚的兴趣。教师借助这样的契机，成立了爬山虎研究院（如图1-1-2所示），给学生提供学习工具、展示区、交流区等，希望学生能像科学家一样沉浸式地去研究学习。

图1-1-2　爬山虎研究院

自2016年以来，东城二小从种下一棵棵爬山虎开始，围绕着"种植、种类、手工、绘画、歌舞、寻访、思辨……"进行探索，爬山虎研究不断迭代升级。"爬山虎"课程于2021年被评为杭州市第十四届精品课程，2023年入选为教育部课程教材研究所校本课程案例。东城二小也成为杭州市学习方式变革专项研究基地、全国第三批新样态学校。

1."爬山虎"跨学科学习目标

确立合理、适宜的跨学科主题学习目标，是跨学科主题学习顺利开展的前提。"爬山虎"课程目标既要承载本学科的基本知识点，也要能够生发出对其他学科的知识、方法和技能等的学习。

（1）科学与探究：通过种植、观察、实验等方法，让学生认识自然形态的爬山虎，学会使用科学研究仪器，如放大镜、温度计、测力器等研究爬山虎，培养学生对自然的热爱，培养其科学探究的精神，提升其学习能力。

（2）艺术与人文：从艺术与审美的视角观察爬山虎，用素描、国画、版画等多元的艺术形式表现爬山虎的艺术特征，通过模仿，学会爬山虎舞蹈动作的基本律动，在表演中发现和挖掘爬山虎的美，从而创作出爬山虎主题的作品，培养学生的审美能力和艺术表现能力。

（3）社会与实践：通过对爬山虎自然探究和艺术审美的学习，挖掘爬山虎文化，发现、挖掘爬山虎蕴含的生命力量，并将积极阳光、拼搏进取的品质内化为自己的力量，增强东城二小学子敢于拼搏、勇往直前的创新精神与奋进精神。

2."爬山虎"跨学科学习内容

爬山虎研究院学习内容（见表1-1-1）跨学科、跨年级，主要分为三个模块：科学与探究、艺术与人文、社会与实践。

科学与探究模块主要通过科学仪器，如显微镜、放大镜等了解爬山虎茎、叶、"脚"的特征及其生命周期，观察和比较爬山虎的四季变化、结构、品种及习性，知晓三叶爬山虎和五叶爬山虎生长环境的区别。

艺术与人文模块以写生、摹印、版画、设计等多元的艺术形式表现爬山虎的艺术特征，学唱有关爬山虎的歌曲，理解歌词的含义，根据爬山虎的形态特征和生长规律创编舞蹈动作。

社会与实践模块主要理解爬山虎的人文内涵，寻访爬山虎式的人物榜样，学习爬山虎敢于拼搏、勇往直前的创新精神和奋进精神。从自然爬山虎到艺术爬山虎，再到精神爬山虎，学校以阳光、奋进、担当三项标准对学生进行过关式评价，开展"爬山虎少年"评选活动。

表1-1-1　爬山虎研究院学习单

模块	侧重全学科领域整体学习	主要工具或表征
科学与探究	①科学：爬山虎不同种类形态观察、比较、分类。测量：爬山虎"脚"的四季变化。实验：爬山虎的吸附力、内外侧温度。 ②劳动：实地种植爬山虎	感官、语言、图画、显微镜、放大镜、铁铲、测力器、温度计
艺术与人文	①美术：写生形态，拓印纹理，水墨、版画。 ②劳动：手工制作，班级布置。 ③音乐+体育：唱《爬山虎之歌》，编排爬山虎之舞（原创歌舞）。 ④艺术节：设计有关爬山虎的动漫形象	观察写实表现、抽象审美表现；使用制作工具；身体感官协调运动、创意思维

续 表

模块	侧重全学科领域整体学习	主要工具或表征
社会与实践	①语文：再读经典课文《爬山虎的脚》。②班队+美术：制作"我为爬山虎代言"的海报并宣讲。③德育：进行暑期社会实践"寻访爬山虎精神人物"。④道德与法治："虫子"的烦恼——老旧小区的爬山虎应该"去除"还是"留下"	诵读体验、自我反思、设计表现、演讲表达；访谈、考察、写作、报告、展示、思辨；伦理、规则、融通

3."爬山虎"跨学科学习实施

"爬山虎"课程的设计与实施包括实施对象、实施形式、实施资源、教研活动等多方面内容。

（1）实施对象：一到六年级学生。

（2）实施形式：①学科课程整合，支持课程有序运行，根据学校爬山虎课程的内容设置及爬山虎生长的自然规律，与国家教材中的同类内容、同类主题进行整合实施。②主题活动开展，促进课程有效实施，利用班会课、晨会组织主题活动，结合各年级社会实践活动，组织"爬山虎人物"寻访活动。课内链接课外，内外结合引导学生学习不怕困难、积极向上的爬山虎精神。

（3）实施资源：根据学习主题和学习需求，适时融入丰富的学习资源。"爬山虎"跨学科学习覆盖了多维的学习主题，借助丰富多样的学习资源完成学习任务、达成学习目标，联结课堂内外、学校内外，拓宽学生学习和运用领域。让爬山虎成为不同学科的教学资源，同时学校还自编教材、学习手册、教学资源库等。

（4）教研共同体：学校成立跨学科学习教研共同体，通过教研组长、备课组长、年级组长引领，聚焦各学科的整合教学，不定期开展理论研习、主题讨论、交流分享等多种形式的教研活动，以促进"爬山虎"课程的优化实施及主题活动的开展。

4."爬山虎"跨学科学习评价

建立争章评价体系，主要分为两类奖章：第一类是跨学科学习，包括爬山虎科学章、爬山虎艺术章、爬山虎实践章；第二类是个人成长，即"爬山虎少年"的评选。

在跨学科学习中，爬山虎科学章侧重于科学与探究，如了解爬山虎的自然形态、生命周期及生活习性等，主要是教师课堂即时评价和成果评价。爬山虎艺术章侧重于艺术与人文，主要是绘画、歌舞等作品的呈现，采用"表演秀""推送式"的展示性评价，如开展作品展、表演秀，并将作品发布在微信群，让学生、教师、家长共享成果。爬山虎实践章侧重于社会实践，理解爬山虎的人文内涵，寻访爬山虎式的人物榜样，学习爬山虎敢于拼搏、勇往直前的创新精神和奋进精神，学校侧重过程评价及成果评价。

个人成长带有综合荣誉性质，从跨学科学习上升到对个体成长的评价。"爬山虎少年"的评选在每年5月底进行，根据评选标准：激情、阳光、坚强、勇敢、奋进，学校通过自主申报—公开演讲—师生投票—组委会认定的流程，评选出本学期的"爬山虎少年"。

二、爬山虎研究院孕育成长驿站

爬山虎研究院为学生提供了一个多元化的学习环境，将不同学科知识、概念和技能整合到一个综合性的主题项目中，构建了实践模型，走向实践育人，孕育了成长驿站。学校历经十几年的探索，先理念后课程再空间，始终秉持"用实践的方式培养具有实践能力和实践品格的人"，从"实践类课程"到"实践学习"，再到"实践育人"，注重学习连接生活、连接社会，注重学习场景的创设，循序渐进地建设成长驿站，打造生活驿馆、学习驿馆、精神驿馆等物理场所和虚拟场所。

（一）回望爬山虎研究院

怀特海在《教育的目的》一书中提到，"教育只有一个主题，那就是五彩缤纷的生活"。源于生活、用于实践，实践育人应契合学校实际和未来发展，聚焦成长内核，主题立意鲜明，其内容应与学生学习和生活息息相关，与品德修养紧密相连，有价值、有意义，让学生能参与、有体悟、可实践，使育人有实效。爬山虎研究院在八年的课程迭代中逐渐完善，拥有完整的跨学科学习体系和灵活的学习方式，以真实的生活情景为依托，为构建成长驿站奠定了基础。

时代呼唤学校积极探索实践育人模式，以实践活动为载体，推进育人工作，为学生成长赋能。尽管学校越来越重视实践育人工作，但我们在回首爬山虎研究的历程及当下教育教学时，发现仍存在着不少问题。

1. 实践无教育，忽视培养解决实际问题能力

实践育人，强调在实践中培养人的能力和素养。对小学生来说，实践育人尤其重要，小学生通过亲身实践，能够在探索中体验到成功和成就感，激发学习兴趣，从而更愿意参与学习，形成积极向上的学习态度。

"一切为了学生的发展"是实践育人落地生根的着力点。但我们发现，实践和育人常常是"两张皮"，有的时候有实践，但育人目标不明，起不到育人的作用；有的时候纸上谈兵，或者想做就做、有空才做，没有使实践育人真正落地。虽然新课标强调学科实践，强调实践育人，但是缺少教育的内涵。比如轰轰烈烈的劳动教育，有些学校研究农场基地，有些学校研究家务劳动，有些学校研究炒菜等，但是轰轰烈烈劳动的背后却缺少追问：为什么要劳动？教育的目的是什么？

学校是育人的主阵地，"实践育人"理念的淡化甚或缺位是"实践无教育"的重要因素之一。我们认为"实践育人"有两个重要含义：一方面是指向育人的价值观，把培养具有实践能力的时代新人作为重要使命。实践能力是保证个体顺利运用已有知识、技能去解决实际问题能力，是"有理想、有本领、有担当"素养的行为体现和意义趋向。另一方面是指向育人的实践观，实践能力只有在主体的生活、工作情境中，通过主客体的相互作用才能表现和发展，以"现实问题解决"为核心，以情境性、多能力参与为特征，而脱离实践活动是不可能"育人"的。

新课程强调素养导向，注重培育学生终身发展和适应社会发展所需要的核心素养，特别是在真实情境中解决问题的能力。但是受"学历社会"和

"应试教育"影响，教育常重书本理论知识学习、轻真实实践学习，"教书育人"与"实践育人"渐行渐远。一直以来，注重书本基础知识的识记和理解，并通过书面练习强化巩固是较为普遍的教学模式。从学生层面来看，学习知识的方法比较单一，识记学习多，理解运用少，导致陈述性知识多，学生懂得"是什么"，能适应简单结构下的答题，但程序性知识少，学生不懂得"怎么做"，缺少解决真实问题的能力。从学习方式上来看，学习型动脑机会较多，但创造型动脑机会不足，学生无法提出新想法、新思路。解决实际问题能力是学科核心素养之要义，如果学习时忽视知识与学生经验、现实生活、社会实践的联系，缺少与实际生活情境相应的"迁移"，学生就难以充分调动自身经验进入深度学习，也难以对学科核心概念有深刻理解。

2. 实践无体系，忽视基本生活生存技能培养

现阶段学校的实践育人工作大多是碎片化、点缀式开展的，缺乏系统化推进和规范化管理。实践育人活动常常前后脱节、互不相关，也缺乏主题引领和生活联动，内容过多地关注学科本位，忽视了价值引领和素养提升。

实践活动不是固定的知识体系，而是在教育情境中由师生共同创生的一系列"事件"，是师生开放的、动态的、生成的生活体验。实践活动给予了学校课程决策更大的空间，也对学校课程规划能力提出新挑战。调研发现，学校还普遍存在重活动开展而轻规划、无体系的情况。例如，有的学校只是汇集了教师个体自主开发的活动主题，缺少活动主题之间的横向和纵向联系；有的学校各年级、各班级自行计划，没有进行各个年级活动主题相互衔接、循序渐进的进阶式设计；有的学校将学科实践学习、专题教育、常规教育活动等与实践有关的内容都纳入实践活动课程，课程无限庞大却随意无序；有的学校课程规划中仅列举了课程目标和课程内容，缺少课程评价和管理的规划。

学校实践教育内容以技能学习为主，形式以课堂教学为主，脱离真实的生活情境，出现了形式化、浅层化、薄弱化等问题，学生没有掌握基本的生活技能，没有养成良好的劳动习惯，更没有产生对劳动发自内心的尊重与热爱。同时，学生参与实践的时间较短，实践机会有限，动手能力较差，常态化生活生存技能缺失，依赖性比较强。

现有的学习场景中，学生忙于进行"脑力劳动"；原有课程体系设置中劳动课缺失；家庭生活中学生劳动服务动力不足。调查显示，我校五、六年级能做到经常洗碗、扫地的学生不到30%，会煮面、能烧一个拿手菜的学生仅有10%。小学阶段是良好习惯养成的黄金时期，错失基本生活能力培养导致缺失性"成长"，会为成年以后的"现实生活"埋下隐患，尤其当人们面临如疫情、自然灾难、战争等事件时。《义务教育劳动课程标准（2022年版）》指出要让中小学生学会做饭这一基本劳动技能，劳动课将正式成为中小学的一门独立课程，设置日常生活劳动、生产劳动、服务性劳动等。

3. 有任务无条件，实践育人缺少支持系统

新课标实施后，学校开始探索实践育人体系，却发现实践中缺少课程与空间支持。课程彼此割裂，实践内容被忽视。现有学科课程10门，此外还有德育、心理、班队、书法等，学校每周有22至26节课，而真正的"实践类"课程少之又少。学科教材体现"实践能力"理念偏少，知识应用相关性弱，还存在交叉、重复内容，如《道德与法治》、地方课程《人·自然·社会》和少先队课程重复内容达60%以上。综合实践活动课程被零散设置为信息技术、书法、班队等几个科目，偏离了"实践育人"的初衷。

在"教室+座位"为主要空间，以"屏幕+讲解"为主要方式的现存教育模式下，实践机会被削弱，实验室、图书馆、体育馆、创客室及校外基地等实践育人场地使用率不高，关于学习方法、同伴交往、团队合作等方面的指导很少。而学生认为对自己成长帮助最大的学习方式是：动手做实验、志愿者活动、参与班级活动、小组学习、自由阅读和写作等，这些均指向学习过程中的"实践"技能。

（二）呼唤成长驿站

从"爬山虎研究院"开始，学校致力于对实践育人路径、空间、模式、活动、策略、工具等维度进行探索，构建了符合小学生认知特点，与小学生生活相契合的三大实践育人样态（生活性实践育人、工具性实践育人、社会性实践育人），深入地探究了作为实践育人空间的实践场馆、实践场所和实践场景的特征，还对实践育人的文化资源、科技资源、社会资源、自然资源、认知与交流支架资源等进行了全面的开发，并通过实践活动课程的设计、安排和组织，形成了一套卓有成效的、促进经验连贯性和反思性的实践育人流程、策略与工具，有效地解决了实践育人容易出现的虚假实践、浅层实践、表演性实践等难题。

实践育人的根本在于转变当前的教育观念，成长驿站通过教学活动来改变"实践"育人理念，在日常点点滴滴的践行中孕育成长的力量，促进学校育人方式的变革。实践是实现全面育人的基本方式，也是实践育人的指向，通过实践育人，能够培养具有创新精神和实践能力的高素质学生。这也是对国际基础教育课程改革关注学生幸福生活能力、创新精神和解决问题能力的回应。

1. 实践育人目标转变：从单向度的价值转向全人的价值

实践育人要培养具有实践能力的人，实践能力包含人在行动方式中的价值观、必备品格和关键能力，并具有极强的教育性。但每学期末学生的成长手册或者学业成绩报告单主要是对学生成绩等级的评价，呈现出单向度的价值。因此，学校要关注全人价值的培养，关注过程性评价和增值性评价，使多种评价机制紧紧围绕育人目标，让学生从考核评价的压力中走出来，实现成长型发展。

实践育人应始终坚持以实践为重，在不同阶段设定梯度进阶的育人目标，步步落实、层层递进。实践活动应具有序列性，活动相互之间应有紧密的关联度，一脉相承，在育人目标的引领下螺旋递进，形成系统，为学生成长服务。

2. 实践育人体系完善：从单一的知识向系统的育人转变

实践育人应培养全面实践的人，不仅要注重知识的培养，更要注重德育实践、劳动实践、美育实践，在实施实践育人的过程中要不断完善实践育人体系，加强劳动教育，开展科技实践、社会实践和生存锻炼等，实现学科、文化、社会、实践和活动等育人功能。实践育人意味着德、智、体、美、劳相互支撑，是系统性的协同与整合。它需要教师全员参与，教育全域协同，课程设置、评价体系走向多元化，将"说教"转型为"体验"。

通过玩、演、体验、操作等多种形式，创新新时代小学实践育人的路径，引导学生亲身参与，获得实践体验和丰富经验，厚实文化底蕴，培养学生继承文化、传承美德、塑造品格的能力和素养，助推全面发展。

3. 实践育人空间充足：从物理空间走向融合空间的视角转变

实践育人注重以实践为主的教学方式，注重知识的理解与运用、深度学习、解决问题、做中学、活动体验、持续合作等。一方面，学校是社会文化的一部分，在成长驿站这一新型的学习样态中，满足学生和教师的多元化需求是环境改造的原则。另一方面，教育是社会各界共同着力的事业，学校、家庭、社区和社会共同承担促进学生可持续发展的责任。所以，空间环境从教室转变为"物理空间+资源空间+社区空间"的融合空间是必然趋势。在融合空间中，教育更关注儿童视角，关注儿童与世界的同频共振。

依托素材遴选、场域建构、内容优化等手段，丰富新时代小学实践育人的元素，制定层级递进、螺旋上升的培养目标，满足学生的天性，助推其健康成长，使实践育人活动成为学生个性化发展的快乐旅程。

第二节　成长驿站：实践育人的新赛道

　　《义务教育课程方案和课程标准（2022年版）》所做的与时俱进的修订和完善，反映了义务教育阶段育人目标定位的重要变化，强化了素养导向和育人为本，标志着基础教育进入了核心素养时代。从素养形成过程来看，实践育人是核心素养落地的有效途径。东城二小打造成长驿站，着力探索实践育人的新赛道，为学生提供了更多元、更贴近生活的学习体验和学习历程，让学生在探究实践中全面成长。

一、作为新赛道的成长驿站

　　"驿站"一词最早出现于元朝，指的是供传递政府文书和军事情报的人，或者来往官员途中食宿、休息、换马、喂马的场所。15世纪末至18世纪，俄罗斯通过驿站传送国家文书、政令及书信，驿站成了重要的通信点。19世纪30年代之后，由于新型教育工具的发展，蒸汽火车及铁路客运线路的开通，以畜力为主的驿站走向没落。不少文学巨匠也对驿站进行了描述，如列夫·托尔斯泰的小说《战争与和平》中，驿站主要是人类精神的临时居所。"驿站"在《古代汉语词典（第二版）》中指"传递文书人员中途休息换马的处所"；在《现代汉语词典（第七版）》中指"古代供传递政府文书的人及往来官员中途更换马匹或休息、住宿的地方"。如今驿站"重出江湖"，承担了时代使命，成了服务大众的特定场所，如城管驿站、城市驿站、菜鸟驿站等。"驿站"具有三个明显特征：①传递重要信息的指向性；②是整个传输路径中的关键处；③具备休憩、补充能量的功能。将其转化为教育语境后同样具有三个明显寓意：①学生成长具有明确的目的性，通往的目的地是教育的目标趋向；②小学阶段是学生成长的基石，也是人生的关键期、关键节点；③成长过程中的能量补给站，身心得以休憩、与他人交流思想的空间。

党的二十大报告强调："教育、科技、人才是全面建设社会主义现代化国家的基础性、战略性支撑。必须坚持科技是第一生产力、人才是第一资源、创新是第一动力，深入实施科教兴国战略、人才强国战略、创新驱动发展战略，开辟发展新领域新赛道，不断塑造发展新动能新优势。"赛道是专门为赛车设计的跑道。成长驿站作为实践育人新赛道，指向教育目的路径中的关键节点、关键时空、关键功能，是学生通往目的地的中转站，在驿站里，学生身心得以休憩、知识得以消化和实践、精神得以抚慰、品格得以培养。成长驿站秉持"强体验、趣空间"的理念，它是为了满足不同学生群体需求、服务多样化学习的开放型空间，它在全校范围内调整使用和改造，拥有实体空间、数字空间和共享空间，循序渐进地打造生活驿馆、学习驿馆、精神驿馆等物理场所和虚拟场所。在场景塑造上，成长驿站追求趣味性与亲和力，以开放的姿态吸引有需求的学生弹性使用；在功能上，呈现"多场景、多资源、多工具、多方式、多价值"的"五多"连接，追求有意义的学校生活变革。

成长驿站以实践能力为核心，积极开展主题化、项目式学习等综合性教学活动，促进学生举一反三、融会贯通，培养学生基本的生活技能、解决问题能力及家国情怀素养。成长驿站首先要凸显它的实践性，鼓励学生多实践、多动手，打破学科逻辑组织的界限，从学生的兴趣和需要出发，以活动为中心开展活动，提高学生创造性运用知识的能力，培养其应对未来社会的意识，引导学生在思维协同中获得发展。

二、成长驿站的特征

实践育人是全面贯彻党的教育方针的根本要求，是培养德、智、体、美、劳全面发展的社会主义建设者和接班人不可缺少的重要环节。实践育人本质上是育人方式的改革与创新。成长驿站作为新时代城市小学实践育人的新赛道，具有体验性、实践性、连接性等特点。

（一）体验性

体验性即注重学生学习的沉浸式交互体验。学习体验是学习主体参与学习活动后所形成的体认，是通过体验、观察去认识、学习，强调切身体会、身体力行，对目标事物的感知，过程与结果的"具身"感受，是人对客观世界的认识与感悟过程。学生在成长驿站中亲身参与各种主题活动，体验知识的获取过程，在真实情境中解决遇到的问题。比如，"小脚丫走杭城"通过研学旅行带领学生体验真实的学习情境，让学生走出校门、走向社会、开阔眼界。将学习空间延伸至校外，以共享空间理念让场馆研学更深入，将学校课程和校外课程资源相互衔接，以此拓展学生的思维，全面提高学生的综合素质。

（二）实践性

实践性即突出学科课程的实践学习方式，注重活动、理解实践等方式。马克思把人规定为实践的人，把人的发展问题归结为人的实践发展问题，"教育与生产劳动紧密结合"是人实现全面发展的唯一方法。因此要注重知识运用与生产劳动相结合，将个体生活与社会生活相连接，与生产劳动相结合。如"数学实验"是基于课程标准，梳理教材内容中的知识点，链接生活实际，鼓励学生主动寻找生活中的素材，引导学生发现生活中的数学问题，鼓励学生运用数学学科知识来解决问题，进而培养学生将学科知识应用于实践的能力。

（三）连接性

连接性即建构全面立体的"果核体系"。成长驿站连接社会和学校，突破学校范畴，实现在社会背景下育人；连接精神和行动，涵盖身体健康、心理健康、道德品质等方面；连接三级课程，增加生活能力、个性发展、实践活动、自我存在的意义和价值，让实践育人地位如"果核"般凸显。如学生自发成立爬山虎研究院，分为若干个爬山虎研究小组，对爬山虎相关知识进行研究，通过对比、分析各小组的温度变化数据，学生发现可以适当降低室内温度，让爬山虎的覆盖率增加。在这个过程中，学生走出教室，不断迁移概念，将知识与生活、自然相关联。

三、成长驿站的育人价值

学校挖掘爬山虎文化，发现、发掘爬山虎蕴含的生命力量，并将爬山虎积极阳光、拼搏进取的品质内化为自身力量，提高学生敢于拼搏、勇往直前的创新精神与奋进精神，一批批爬山虎少年应运而生。从爬山虎少年再次迭代升级，转向培养德、智、体、美、劳全面发展的社会主义建设者和接班人。

（一）全面发展：成长驿站的育人价值

成长驿站侧重促进学生的全面发展，从不同维度对学生的学习、生活过程及情感体验过程进行评价，建立全方位的评价档案，培养以健康心态面对生活的幸福生活者；成长驿站注重培养学生的实践能力，关注学生的现实生活，鼓励学生积极参加社会实践和志愿服务活动，培养能够在真实情境中解决实际问题的问题解决者；成长驿站注重学生的价值引导，通过体验"红领巾行动营""小脚丫走杭城""红色长廊"等活动，培养学生成为爱校、爱城、爱国的责任担当者。

（二）知识统整：成长驿站的课程表征

成长驿站侧重于全学科领域整体学习，建立单学科、超学科、跨学科课程，将课程进行统整融合，以项目式活动为依托，进行大单元学科整合教学，以此促进学生的全面发展。在五育融合背景下，成长驿站致力于打破学科课程之间"单打独斗"的割裂现象，通过课程统整让不同学科知识"融合起来"，形成协同育人的课程合力，发挥课程的育人引领作用。

（三）自主探究：成长驿站的学习方式

成长驿站关注培养学生的自主探究能力，通过团队合作、组内合作、社团合作、师生合作等方式，激发学生的自主探究欲望及潜能。以大问题、大任务引领学生构建问题支架、方法支架，引导学生发现问题并解决问题。在适当时机下，教师可进行指导，但不要急于公布方法和答案，抛出问题即可，以此引导学生将学习的知识运用到生活中，实践于行动中，使知与行达到统一和整合，并在探究过程中享受学习带来的乐趣。

第三节 "一核三馆"：成长驿站的内容

为党育人、为国育才是学校不变的初心与使命。随着时代的变迁，在新发展理念的引领下，东城二小尊重教育规律，全面转变教育发展方式、优化教育结构、创新增长动力，以提高教育教学质量为核心，优化统筹各种教育要素结构，注重改革的系统性，以协同创新驱动学校的建设和发展构建高质量育人体系。

成长驿站整体建构"3+9"站点空间布局，指向学生生活、学习、精神3个向度的成长，通过"三亲三创三爱"9个载体，以"实践育人"为核心，构建"生活驿馆、学习驿馆、精神驿馆"3类空间场域，推进亲家庭、亲自然、亲社会教育，联动社会生活、跨学科、多场景学习，培植学生爱校、爱城、爱国的家国情怀。

一、"一核"：实践育人

新课标加强综合课程建设，完善综合课程科目设置，开展跨学科主题教学，强化多种课程协同育人功能。同时要变革育人方式，突出实践，加强课程与生产劳动、社会实践的结合，充分发挥实践的独特育人功能。

（一）追问实践育人

《中小学德育工作指南》明确指出，实践育人是德育六大育人途径之一，其活动范围指向社会实践。"实践育人"是一种在人的成长价值基础上形成的育人理念，充分认识实践与人的密切关系，首先在语义上要摒弃将实践与活动等同、实践与理论割裂的观念，实践育人之"实践"指向"育人"的目的、方式、价值，其内涵包含了《中小学德育工作指南》中所提出的

"实践育人"。我们认为"实践育人"应从教育的三个根本问题来解构："培养怎样的人""怎样培养人""为谁培养人"。

一是指向实践能力：培养具有实践能力的人，主要培养具有生活实践能力、探究实践能力、社会实践能力的人。

二是指向实践方式：用实践的方式来培养，以问题和整合为取向，完善实践育人的内容体系，让学习连接生活、连接社会，倡导做中学、研中学、创中学，使学生在真实、丰富的情境中学会解决问题。

三是指向实践价值：实践赋能自我教育，它致力于培养学生的完整人格，培养具有自主意识、家国情怀的"幸福生活者""问题解决者""责任担当者"，培养鲜明的"亲家庭、亲社会、亲自然""创见、创造、创新""爱校、爱城、爱国"的"三亲三创三爱"品格。

（二）"一核"助力实践

成长驿站以实践育人为核心，构建自主的实践场所，突出学科课程的实践学习方式。马克思把"人"规定为"实践的人"，把人的发展问题归结为人在实践中的发展问题，并以此来阐释人的全面发展问题，而且把"教育与生产劳动相结合"视为人实现全面发展的唯一方法。

参与实践是让学生在解决问题的过程中学习。因此，充分发挥驿站的空间价值，通过问题链将知识学习与情感品格相连接，将学校场景与自然、历史、文化场景相连接，让学生在真实的问题情境中参与问题的发现与探究。基于知识的学科融合是基于学生认识的活动融合，社会是学生分工活动的大环境，因此需在社会中发挥实践育人的整合功效。

将实践育人作为沟通学习方式与育人方式变革的核心纽带，并首次提出学科实践、跨学科实践，确立实践育人在课程与教学本体中的地位，从根本上改变了实践育人在学校教育教学体系中的从属、片段、补充性地位。

二、"三馆"：生活驿馆·学习驿馆·精神驿馆

成长驿站是基于实践育人理念而设计的，以贴近生活、贴近实际、贴近学生为原则，坚持育人导向、问题导向、实践导向，是集现实与理想、具体

与抽象、限定与开放为一体的学习空间场域。基于此,学校创建了"1轴3类双9"成长驿站行动路径(如图1-3-1所示)。

图1-3-1 成长驿站行动路径图

成长驿站以"实践"为核心轴,贯穿活动始终;构建"生活驿馆、学习驿馆、精神驿馆"3类空间场域,充分体现了生活育人、学科育人、社会育人的核心功能;通过小当家、小农夫、小公民、学科实验室、问题树洞、爬山虎研究院、红领巾行动营、小脚丫研学社、红色画廊9条支线,将校内与校外的物理空间、书本与社会生活的思维空间、教师与资源的结构空间、当下生活与历史文化的情感空间连接起来,形成"3+9"站点空间布局,迭代现有学生成长路线与育人空间图景,将实践育人具象化(见表1-3-1)。

表1-3-1 成长驿站核心功能与空间场域特征

类属	核心功能	连接空间场的主要特征	资源支持
生活驿馆	○亲历的课堂:生活育人在"真操实练"中掌握基本生活技能,成为"三亲"(亲家庭、亲自然、亲社会)的幸福生活者	●双教师 教师+家长(基地辅导员、警官等) ●双基地 学校44块责任地+家庭(社会机构、周边现场) ●双频道 学校劳动小能手展播厅+班级家长微信群亮晒	小厨师空间:材料准备 小农场空间:工具支持 少年警校课程:资源提供

续 表

类属	核心功能	连接空间场域的主要特征	资源支持
学习驿馆	○探究的课堂：学科育人凸显"联系·探究"，在真实问题学习中，关联生活、学科、自然，让学生成为外部世界的探究者与内心世界的主动建构者，成为问题的解决者	●真问题 关联生活问题的学科实践作业长廊、问题墙 ●真实验 关联学科问题的项目挑战赛实验作品展 ●真情境 关联校园全域墙体爬山虎跨学科主题学习	学科实验室：学科工具、教材支持 问题树洞 爬山虎研究院：工具、器材准备
精神驿馆	○行走的课堂：社会育人通过"内化表达"，侧重理想信念、家国情怀、品格塑造，注重对生命价值和意义的追求，让学生成为责任担当者	●爱校 立场"红领巾行动营"表达美好生活向往 ●爱城 立场"小脚丫研学社"表达美好家乡向往 ●爱国 立场"红色画廊"主题画展表达美好祖国向往	红领巾行动营 小脚丫研学社 红色画廊

　　成长驿站里的9条支线（见表1-3-2）具有独立性，又与学校实践形态的教学体系整合融通，成为整个育人体系不可分割的一部分。

表1-3-2　成长驿站的九条支线

类属	支线	主要内容
生活驿馆	○小当家 ○小农夫 ○小公民	●设计菜谱、研究食物营养成分、参与烹饪全过程、清洗打扫、整理收纳； ●认领班级责任田，经历种植、浇水、施肥、除草、收获过程； ●交通行为规范执岗、防范诈骗宣传、防火防溺急救技能学习
学习驿馆	○学科实验室 ○问题树洞 ○爬山虎研究院	●"豆腐至少切几刀""九堡大桥有多长"等108个数学实践作业； ●"太阳能发电水车""水质检测器"等36个科学趣味探索实验； ●"科学与探究""艺术与人文""社会与实践"三大模块综合学习
精神驿馆	○红领巾行动营 ○小脚丫研学社 ○红色画廊	●体认校园与社会生活，发现问题，提出问题解决策略和方案，与不同立场的人交流、沟通，经历"大事小事民主议事"； ●体认城市生活世界、自然风景名胜、历史与文化场馆，带着课题去春游、秋游、过有质量的周末生活； ●体认新时代发展成就，追寻革命英雄、时代英雄、科学英雄，开展"我与学校""我与杭州市""我与祖国"三大主题画创作与表达

（一）生活驿馆：指向生活能力提高的"三亲"教育

生活驿馆主要通过"三亲"教育，以学会生存为指向的生活力和实践力，培养享受家庭、享受自然、遵守秩序的学生，全方位提高学生的基本生存能力和生存素养。

1. 生活驿馆的内容

为遵循小学生生活规律，实现贴近生活和身心共鸣的目标，特开设生活驿馆，通过体验小当家、小农夫、小公民，实现"三亲"（亲家庭、亲自然、亲社会）教育，从衣、食、住、行等方面提高学生的基本生存能力和生存素养，不断深化推进劳动教育、安全教育，提高学生的动手动脑能力，促使其养成热爱劳动、珍爱生命的优秀品质。

（1）小当家：培养懂感恩的生活者。"小当家"是基于小学生生活实践所需而设置的，以家庭为实践基地，以为学生创造劳动条件为核心，将学生日常生活和亲身实践结合起来，让学生在美食制作中认识并学会使用厨房用具，体会劳动的辛苦和乐趣，懂得劳动的重要意义，提升劳动技能，进而培养学生的动手能力及吃苦耐劳的品质，逐步实现德智体美劳全面发展的教育目标。让学生在采买、烹饪、分餐、自制菜谱等课程活动中用锅碗瓢盆奏响劳动协奏曲，用柴米油盐烹出生活的烟火味，力所能及地帮助家人，学会感恩，感受做家务的乐趣和自豪感。

（2）小农夫：培养会劳作的生活者。"小农夫"教育实践课程以"小农场"为载体，以STEM项目化学习方式将国家课程与劳动教育相融合，架构农耕劳作、农耕研究、农耕生活三大课程群，让学生在真实的自然环境中研习劳动。学校让每个班级认领一块班级责任田，并让学生负责后续的浇水、除草、收获等一系列工作。在活动中，教师始终坚持以学生为学习中心，组织学生对种植中遇到的真实问题展开研究，关注学生在农耕劳动过程中的深刻体会和感受，同时引导学生积极参与日常生活劳动，让学生全方位体验劳动的乐趣和艰辛，从而实现树德、增智、育美、创新的全面育人功能，让学生争做一名懂农耕、会劳作的守望者。

（3）小公民：培养能参与的生活者。学校积极开展培训参观、劳动体验、技能培训、职业体验等各类实践活动，从安全知识、技能培训、形象气质、参观体验、实践活动五个方面进行顶层设计，从理论走向实践，培养具有"自理、自律、自护、自强"实践能力的"小公民"。学校通过成立少年警校，整合周边公安系统资源，积极邀请交通民警、公安民警和消防战士等来我校开展各种形式的演习、培训活动等，主要为学生普及校园交通行为规范、交通安全基本常识、防范诈骗宣传、防火安全等知识，指导和帮助学校开展一系列交通、消防等安全宣传活动，提高学生自身的交通、消防等安全知识水平和防范能力，实现"教育一个孩子，带动一个家庭、辐射一个社区，影响一个社会"的大安全宣传效果，普及校园安全法律法规知识和常识，让孩子们学会生存和自救自护，争做守秩序的公民。

2. 生活驿馆的空间打造

生活驿馆把课程、师生、学习时空、学习技术等核心元素有效地统整起来，真正做到空间与学习的交融、体验与成长的交互。

（1）多元化的校园空间构建。学校以"好玩的问题"为引领，创新学习空间，让学生在感官和空间环境互动中获得信息，从而认知世界、构建和发展自身。如小农场倡导人人都是"农场主"，人人都有"劳作场"，一块农地就是一个小项目，师生共同商讨种植问题，围绕种植物开展项目式学习（如图1-3-2、图1-3-3所示）。

图1-3-2 阳光菜园

图1-3-3 学生拔草、施肥

（2）开放式的家庭空间共建。学校以"小当家"课程群为载体，在家庭中开展各类活动，让家中的每个角落都可以成为孩子劳动教育的"训练地"，开发厨房角、家务角、财务角，让家庭劳动计划成为常态，让常态成为习惯，让孩子们在生活和劳动教育中逐步提高实践能力、社会责任等综合素养。

（3）多样态的社会空间共享。学校致力于构建同心同向、全方位、立体化的家校社教育模式，以"小公民"课程群为载体，开设社会服务岗、学军研学基地、学工学农基地、企业职业实践等课程，整合各种资源，积极开展各类实践，在真实的社会生活情境中培养学生各方面的能力。

（二）学习驿馆：指向真实问题解决的"三创"学习

学习驿馆通过"三创"学习，打造学科实验室、问题树洞、爬山虎研究院，指向以问题解决为导向的学习力和自主力，培养学生别具一格的创新活力、别具匠心的创造能力、潜心探究的科创精神。

1. 学习驿馆的内容

学习驿馆指向知识的实践运用，以知识、社会与活动为三大基点，主要由学科实验室、问题树洞、爬山虎研究院组成，通过联通单学科、跨学科逐步走向深度学习。学习驿馆的"学习"是"能动、独立的学习"。学生需要通过查阅资料、合作探究、分享展示等方式来学习和掌握教学内容。学习驿馆注重学生进行信息加工、意义建构后的感受体验。

（1）单学科·学科实验室。学科实验室基于课程标准，梳理教材内容中的知识点，链接生活实际，并将其转化成具体的学科问题，从而引导学生解决问题。它鼓励学生主动寻找生活中的素材，发现生活中的学科问题，并运用学科知识来解决问题，进而培养学生将学科知识应用于实践的能力。它将枯燥的学科知识转化为可操作的实践学习过程，使学生在真实的情境中应用知识，加深学生对学科知识的理解，让学习充满生命情怀。

（2）跨学科·问题树洞。问题树洞侧重拓宽知识实践领域，强调跨学科、跨年级，以若干子项目打通知识理解运用的关键环节，利用真问题将知识与社会生活连接起来，引导教师发现和提出问题，即将"问题生成""问题互解""问题展示""问题拓展"作为学习样态，通过实践实现知识迁移、举一反三，培养学生解决问题的能力，激发学生研究兴趣和自信心，促进实践能力发展。实践是认识的起点和源泉，综合素质和核心素养需要在实践中发展，它不再拘泥于单纯地传授书本知识，而是通过为学生创造实践情境引导学生在问题树洞中解决各种实践问题，进而让学生习得实践所需要的综合能力，在实践中达到育人目的。

（3）跨学科·爬山虎研究院。爬山虎研究院是打通自然探索与人文视角的关键环节，探索自然奥秘及生命意义，侧重全学科领域整体学习。教师通过提供指南类、评估类工具及学习单，提高学生创新能力。横向上，每科都学习"爬山虎"，结合各学科教材知识设计学习活动，让学生运用各学科知识对"爬山虎"进行"观照"，为形成对"特定事物"的全科式、整体性认知提供思想方法。纵向上，每年都经历"爬山虎"时期，各年级设计与"爬山虎"有关的主题活动，如"我为爬山虎代言""寻访爬山虎少年"，把"物"的学习迁移到"人"的成长体验历程中。

2. 学习驿馆的空间建设

学习驿馆以实践育人为中心，打通传统教室、校园环境和未来发展，融入听觉、视觉、触觉等感官体验，将观察、思考、实践融为一体，满足不同个性的学生自主学习、问题发现、主动探究、深化拓展等学习需求。学生通过学科实验室、问题树洞、爬山虎研究院面对真情境、真问题，开展真实验，成为外部世界的探究者与内心世界的主动建构者。

（1）学科实验室。实验室是师生交互的场所，也是学生自学、互学和探究生活现象规律的场所。学校实验室所见的每一处均是学习工具，图书馆、活动角、科技走廊，以及其他日常的实验室建设同样也为学生提供软硬件的支持。比如航天系列的窗帘，张贴科学名人画像、科学名人语录、格言警句的墙壁，培养微生物的角落，种植植物的窗台等。学校实验室还充分利用教室的廊区和室内剩余空间展示学生的小发明、小制作等作品，有的作品配上解说词，有的作品拍成照片展出，有的作品直接用模型展示，便于学生课前、课后相互之间阅读欣赏与沟通交流，由此达到知识共享的目的。

（2）问题树洞。问题树洞以问题墙、益智大脑墙、科技长廊、作业长廊、语文阅读角、图书角等为主体，将学生在学习驿馆中的相关学科学习、实践活动相互串联，帮助学生更好地在此过程中学习实践。如好玩的问题墙，共罗列了84个问题，涵盖数学、科学、英语、语文等不同学科的问题，部分问题来自学生发现，部分问题来自师生合作。

（3）爬山虎研究院。爬山虎研究院由爬山虎音乐墙、爬山虎种植墙和爬山虎研究区组成。研究院内部有浇水壶、铁锹、镊子、卷尺、放大镜、便携式显微镜、弹簧测力计等学习工具，并在墙壁上悬挂观察记录册、实验记录单，还专门设了一面问题墙。课外时间，学生可随时进出研究区，选取合适的工具去校园种植墙深入观察、研究爬山虎，并在问题墙上对自己感兴趣的话题进行轻松自由的研讨。爬山虎研究院还设有"工具箱"（见表1-3-3），学校鼓励学生根据具体的任务和学习环节，通过目录单选择工具和导师，落实导师与学生之间的双向选择，并根据具体任务的实践要求来推动学生的实践行为，并以此促进学生在问题解决过程中的系统思维发展。

表1-3-3　爬山虎研究院"工具箱"

你可以选择下面的工具进行实验			
工具名称	数量	工具名称	数量
铁锹	80	放大镜	40
浇水壶	80	滴管	50
种植盆	100	卷尺、皮尺	50
爬山虎苗	100	温度计	80
便携式显微镜	50	弹簧测力计	80
镊子	50	盖玻片	300
你可以选择下面的导师团队			
专业背景	导师姓名	专业背景	导师姓名
科学（物理、生物、化学）	施老师、郑老师	思想政治、历史	杨老师、陈老师
地理	李老师、翁老师	语言文学	朱老师、郑老师
数学	胡老师、任老师	体育与健康	于老师、杜老师
信息科技	张老师、徐老师	音乐、戏剧	吴老师、董老师
劳动技术	校外辅导员	美术	王老师、陈老师

（三）精神驿馆：指向家国情怀培养的"三爱"立场

精神驿馆通过"三爱"立场，核心指向以使命担当为导向的胜任力与创造力，通过带学生实地参观场馆、基地、名胜等，实现爱校立场上的民主协商、爱城立场上的经典传承、爱国立场上的革命赓续，建立家国情怀培育的进阶通道。

1. 精神驿馆的内容

精神驿馆通过"红领巾行动营""小脚丫研学社""红色画廊"等活动，从社会与生活、历史与文化、理想与信念等领域，让学生深入体察当下生活，延伸过去，思考未来，让学习经历变得有情感、有温度、有高度。

（1）红领巾行动营：爱校立场上的民主协商。红领巾提案就是少先队队员通过少先队组织向学校及全社会提出的意见和建议。提案可以以个人名义提出，也可以由少先队员们联名提出。提案要求一案一提，即一份提案针对一个问题。这大大培养了小学生的社会实践能力，创造性地解决了真实情境中的复杂问题，同时也让学生知道问题产生的背后往往有复杂的因素，让其寻求解决问题的策略和方法。

（2）小脚丫研学社：爱城立场上的经典传承。在历史与文化实践领域，通过"与历史、文化、自然的对话"这一关键环节，增强学生对家乡地域环境、历史环境的了解，使其在历史文化中汲取传统文化的精神营养，以培养学生的胸怀、情趣、格局等。"小脚丫研学社"引导学生借助杭州第二课堂场馆资源，对自己感兴趣的问题进行专题研究，探究自然、体验生活、了解社会，更多地了解家乡的自然和历史文化。学校把"小脚丫研学社"课程与第二场馆整合成为特色学习项目，使精神驿馆的实践活动更符合新的学习要求。

（3）红色画廊：爱国立场上的革命赓续。在理想与信念实践领域，通过"红色根脉的内化与表达"这一关键环节，引导学生了解祖国的苦难与辉煌，如公祭日、航空日、海洋教育、抗美援朝、抗日战争英雄等，可以通过任务驱动和活动体验，或以直观形象的招贴画、海报等艺术形式培养学生的爱国情怀。

2. 精神驿馆的空间打造

搭建精神驿馆学习空间框架时，不仅需要考虑学生深度体验的需要，还要考虑与校园文化有机融合的要求，以及与学校原有空间相适应的要求。学校创设了红领巾行动营、小脚丫研学社、红色画廊等学习空间；连接社会场馆、线上德育馆，打造了"全天候""沉浸式"的精神学习空间，以"实践为重，价值为核"的理念建设育人体系，徐徐展开东城二小"三爱"实践育人施工图。

学校创设了3个校内物理学习空间——"红领巾行动营""小脚丫研学社""红色画廊"。此外，还搭建了1个线上学习空间——网上展厅，实现云上共享，满足了学生自主学习、合作学习、探究学习的需要。采用线上、线下相互融合的方式展开协同教学，能够最大限度地发挥精神驿馆学习空间的使用效能。同时，学校还与杭州第二课堂场馆合作开展馆校共建工作，以此打造"校内学习、网上探究、校外实践"相融合的精神驿馆学习空间。

三、一"核"三馆的内在关联

一"核"是成长驿站的核心——实践育人，三馆指生活驿馆、学习驿馆、精神驿馆，三馆支撑一"核"，一"核"统领三馆。一"核"三馆要从学生的成长目标、学生成长的环境、教育教学的"日常"形态三个方面进行解读。

（一）学生的成长目标：完整的人

人的成长涵盖生活、学习、精神三个方面。生活方面主要指身心健康并且具备基本的生活、生存能力，如衣食住行的基本技能、出行安全意识等；学习方面主要指培养自主、能动、自律的学习者，让其经历小组合作、共同设计方案、发表意见看法、讨论修改方案、争论辨析和实践探索的完整过程；精神方面主要指在实践中使学生德智体美劳等素养在平衡、协同中不断发展，不片面、不偏科，在实践中实现进阶式发展，让学生具备完整的人格与健全的生命样态。当三个方面整体协调发展时，个体将形成稳定的结构，并在真正意义上成为完整的人。

（二）学生成长的环境：空间赋能

成长驿站可以打破课堂和校园时空，实现学生的自我对话，推动学生与学校、教师、同学之间的对话，更可以帮助学生实现与社会、自然、历史、文化的对话。成长驿站以"打开教室、打开校门、打开云端"的形式为学生的学习和实践提供更广阔的空间、更丰富的选择，实现有限空间的再生长，使学生的学习评价在时空上变得更加立体。在时间上，不忘过去，珍视现在，直面未来；在空间上，让学生既能关注校园、家庭、自我等小世界，也能在大世界与小世界的联结中营造自己的成长空间，建设个性化学习空间。

（三）教育教学的日常形态：内生动力

整合学校学科课程、活动课程、日常活动，在丰富多彩的实践中提升学生对生命意义的认识，激活学生的学习源动力与内驱力，推动学生产生学习的需要，进而促进学生学习能力的发展。此外，还可以锤炼学生的品格，使他们既能为自己也能为他人贡献微薄的力量，统整好自身人格价值和人生价值，学习在真实情境中创造性地解决问题，将知识与认知经验相连接，充实学习经历，提高在具体的、有复杂结构的情境下进行思考和行动的能力。

第四节　"三联四环"：
成长驿站的实践模式

成长驿站的整体构建坚持儿童本位、素养本位、生活本位、生命本位这四大基本立场。

一、成长驿站的构建理念

经过十余年的探索，学校形成了成长驿站的实践育人体系，构建了可持续发展的教育生态，培养了全面发展的学生，积累了具有学校特色的实践育人的话语表达方式。成长驿站以儿童本位、素养本位、生活本位、生命本位作为构建理念，为其运行奠定了理论基础。学生借助实践检验自己的认识和判断，通过实践进行道德检省，锤炼人格品性，提升综合素质，促进精神境界的自我提升。

（一）儿童本位

随着时代的发展与进步，儿童本位理念迸发出新的生命活力。学前教育家刘晓东先生和儿童文学学者朱自强先生对"儿童本位"做出了极具超越性的现代化诠释。刘晓东先生认为在儿童本位的教育中，儿童的主体性被充分尊重与发掘，被塑造、被压迫的成长历程已然成为过去式，取而代之的是积极、主动、健康的成长方式。这种教育形态彰显的是以儿童为本位的社会生活，是以人为本的社会生活。朱自强先生认为"儿童本位"的作家观是一种以儿童为思想资源的哲学观。以儿童为本意味着儿童的心灵不是一张白纸，可以被任意地涂抹，而是一颗种子，它自身会生长，而我们要做的就是充分考虑到激活这颗种子的潜在生命力，并为其提供合适的土壤、阳光和养料。

在成长驿站里，儿童本位指对儿童进行教育必须遵循的自然原则，要顺应儿童的天性，按照儿童自然发展的要求和顺序进行教育，以激发儿童的潜能，使人的本性得到发展。成长驿站反对不顾儿童特点，反对强制儿童接受违反自然的教育。比如，成长驿站里的弹性学习、学习目标灵活性等原则均体现了儿童本位的理念。

如学校学习驿馆里"好玩的作业长廊"，秉承着"做中学、用中学、创中学"的理念，致力于让学生在创造中长大。作业长廊有五个大大的敞开式展示柜，摆放着许多不同主题的作品：航天航空、充满创意的塔台、一滴水的旅行、不"纸"如此、我的小船我做主、迎亚运·向未来……作业长廊充分尊重学生的主观能动性，给学生提供展示作品的平台，使学生获得满足感和成就感。同时，参观团来我校参观时，作业长廊里总会出现一波靓丽的身影，这些小小讲解员们佩戴着红绶带，向来宾们自信、大方地介绍自己的作品，充分展现了他们作为学校小主人的新面貌。

成长驿站从儿童的角度出发，让学生在学习生活中产生心理需求：温暖、情感、幸福等。而驿站具有生活化、情境化等特点，注重社会参与、身心发展，能满足学生各方面的需求。在成长驿站里，允许学生出现跨越式的进步抑或停滞不前，甚至出现阶段性后退，允许他们休憩整顿后重新出发。成长驿站的课程、活动、目标等一切都是以学生为主，可以让学生充分发挥其主观能动性。

（二）素养本位

素养本位的教育是为了培养和谐、有灵魂、主动发展的"完整人"。成长驿站里的素养本位指在宽度上要知、情、意融合，在长度上要主动进行可持续发展，在深度上要突破知识技能的积累，转识成智、涵养生命。"完整人"的培养主要通过教育活动方式的转型来实现。

素养本位的教育不同于短视教育，它重视学生的可持续发展、主动健康发展、自觉发展，关注学生发展的动力系统。从这个维度看，素养本位的教育就是终身教育。终身教育最重要的是培养学生的自我发展意识、继续生长的能力。这种继续生长的能力并不会随着学校教育的结束而终结，而是延续为一种终身发展和终身学习的习惯与生活方式。学生缺少对智慧本身的热爱，缺少对自己所从事专业意义的认识，只是为应试而学习，就会缺少个体发展意识，无法适应终身教育的需要。学校教育的目的在于通过组织保证生长的各种力量，以保证教育得以继续进行，使学生乐于从生活中学习，这就是学校教育的最好产物。

2022年新课标指出，要坚持全面发展，以育人为本，聚焦核心素养，面向未来。如我校有一面"好玩的问题墙"（如图1-4-1、图1-4-2所示）：你知道妈妈的头发有多少根吗？你知道九堡大桥有多长吗？你知道钱塘江里面有多少条鱼吗？……这么多好玩的问题都是学生用敏锐的眼光发现的，原来学习这么好玩！"好玩的问题墙"上陈列着不同学科的84个问题，包含学生自己在现实生活中的问题、师生合作发现的问题……在好玩的问题的引领下，学生学会动手、动脑、操作，在真实情境中解决真实问题，把设想的方法付诸实施，检验这种方法的可靠性，用学科眼光、学科思维去寻求解决问题的策略，提升学科核心素养，努力让这些好玩的问题伴随孩子幸福成长。

图1-4-1　好玩的问题墙

图1-4-2　寻找问题墙里的答案

（三）生活本位

"生活本位论"把教育目的与受教育者的生活紧密联系在一起，他们有的提出"教育准备生活说"，认为教育要为未来生活做准备；有的提出"教育适应生活说"，认为教育即生活本身，这方面的典型代表是斯宾塞和杜威。

陶行知提出"生活即教育"。这是生活本位教育理论的主体，即处处是生活，处处是教育。"生活本位"的基本含义有三个方面：第一，生活决定教育，教育来源于生活。陶行知说："生活教育是生活所原有，生活所自营，生活所必需的教育。教育的根本意义是生活之变化。"教育需要在生活中进行，生活的内容和性质决定教育的内容和性质，正所谓"过什么生活便是受什么教育""教育必须是生活的，一切教育必须通过生活才有效"。第二，教育对生活具有反作用，即教育能改造生活。陶行知认为，教育应联系生活实际，并且能够促进生活向上向前发展，进而促进人的发展。第三，生活与教育共存。生活与教育不可分割，有生活便有教育，两者相辅相成。传统教育脱离生活、脱离社会，陶行知主张将各种形式的教育融于生活之中，在生活中不断学习，树立"活到老、做到老、学到老"的观念。

成长驿站的生活本位指生活是教育的中心，生活决定教育，教育改造生活。鼓励解放孩子的头脑、双手、眼睛和空间，鼓励孩子接触大自然和社会，倡导教学做合一。生活本位注重教育与生活的连通性，连通实际生活，鼓励学生在生活中实践，在生活中发现问题、解决问题。成长驿站中的生活驿馆遵循小学生生活规律，贴近生活，以"真操实练"为活动轴，以"小当家""小公民""小农夫"三大主题为"经历"网，打造劳动的课堂，实现亲家庭、亲自然、亲社会的"三亲"教育，让学生在衣食住行等各方面全方位提高基本生存能力和生存素养。

（四）生命本位

在儿童教育中，儿童倘若没有体悟到生活世界的千姿百态，感受到生命情感的百折千回，就不会产生对美的追求，对生命意义的体认和对真理的向往。不曾亲近生活、体味生活、感受生活的儿童就不会有充盈、丰富的内心世界。无论是儿童绮丽的幻想、自由的游戏，还是灵动的审美力，这些鲜活的、飘扬的生命本性恰恰反映了成长驿站对于儿童生命本位的追求，对儿童生命力教育的追求。以儿童生命为本位，即强调从儿童的特殊本能出发，如兴趣、习惯、冲动、情绪等，因势利导，激发学生的学习动机和生活体验。

成长驿站中的生命本位不同于只进行片面的知识训练、浅层教育，而是抵达思维、生命的深层教育。爬山虎攀爬向上正是对生命、阳光的不懈追求，生命教育最重要的是将知识向精神气质、生命底蕴转化。学生只有达到"生命自觉"，才能"明察"——认识到"天地人事"与自己生命之间的内在联系以及在活动中发现对自己生命、对人类发展的意义，并在"明察"的基础上"敏求"——更加坚定、更加积极主动地追求富有创造性的生活方式，实现人生的价值。成长驿站作为学生学习的中转站，为学生提供良好的、积极的生活环境，焕发学生生命成长的活力。

例如，生活驿馆里的小农场（如图1-4-3、图1-4-4所示），让更多的学生在生活、学习中找到自我价值和自我认同感，提问、研究、发现、思考的种子正在"小农场"里生根、发芽，茁壮成长。在这里，学生不仅会辨果蔬、识农事、学农活，更能善观察、勤思考、重实践。

图1-4-3 小农场开幕式

图1-4-4 小农场收获季

二、"三联"："知识·经验·生活"之融通

成长驿站在实践中实现育人的目的，将班级制与项目制结合、弹性化与差异性兼顾、具身实践与积极体验相关联，联通知识、生活和经验，实现学校与社会的融通，使学生走出学校，走入社会去学习、去体验。

（一）班级制与项目制结合

班级授课制的产生和发展，经历了漫长的历史过程，反映了教育发展的内在规律，也是社会发展和人类文明不断进步的产物。班级授课制是一种基于学生共性要求的教学组织形式，它能够有效地利用教育资源。在知识迅速传播的时代，班级授课制能够更有效地将知识传播给更多的学生。班级授课制很大程度地满足了我国的教育需求。同时，它也存在显著的弊端，班级学生过多，导致教师无法顾及每位学生的需求，学生的学习活动也被限制于"教室"空间内，从而造成学生被动接受知识的现状。

成长驿站将班级制与项目制结合，开展多种项目主题活动，提供各种项目研究资源及设备，由项目组组长牵头组织项目化活动，采用社会调查、观察、田野调查等调研方式，生成实践报告。教师必要时可进行指导，但不可直接公布答案。如通过观察、资料收集等形式全面了解爬山虎的生长特性，通过头脑风暴、社会调查等形成实践报告，形成学生个性报告——"如何解决爬山虎的烦恼"。

学校的爬山虎新枝在墙角下乱窜，就是不爬墙。面对这种情况，设置"爬山虎为什么爬不上墙"的驱动性问题，链接生活、社会、自然、文化、艺术等多个场景，同时融合科学、数学、建筑等多学科知识，开设爬山虎跨学科学习，形成教案集、教学资源库、学习手册等资源，采用集体授课形式以及项目制，使学生更加全面地认识爬山虎，激发学生研究爬山虎的兴趣。由项目组组长牵头建立专门的项目研究小组，提供项目研究支架（如图1-4-5所示）："问题"支架、"路径"支架、"整理"支架，如生活资源、测量工具、自制表单等。

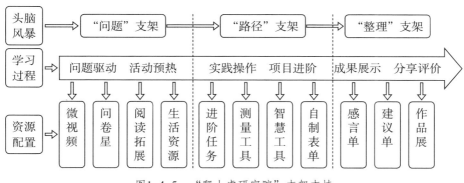

图1-4-5 "爬山虎研究院"支架支持

（二）弹性化与差异化兼顾

为深入贯彻党的十九大和十九届五中全会精神，中共中央办公厅、国务院办公厅印发了《关于进一步减轻义务教育阶段学生作业负担和校外培训负担的意见》。"双减"政策的出台，意味着学习需回归儿童本身，着重培养儿童的自主学习意识和探究意识，改善传统学习方式造成的学习与生活脱节的现象，让学生将所学知识灵活运用到生活中。

成长驿站在给学生提供休憩场所的同时，也能够让学生在实践中进行学习，回归到儿童本真的学习方式。因此，建设成长驿站的着重点在于儿童的内在需求和个性特点，满足学生对学习内容和学习方法的自主选择，搭建可灵活选择、弹性化、差异化的学习空间。"灵活""机动"与"个性化"是成长驿站弹性化与差异化学习的显著特征。学生的学习内容、学习时间、学习方法虽各有差异，但教师会综合其他教师的意见以及学生的个性特点，为学生创建学习小组，共同探究所学内容，最大程度地促进学生的潜能发展。

东城二小每月都会根据学习情况创设校园年度活动主题（见表1-4-1），包括创想节、活力节、艺术节等8个活动主题，并根据活动主题创设学习空间，如创意工坊、科学实验室等，定期举办节日活动，学生可根据内容进行自由选择，真正实现将学习还给儿童的教育目标。学校定期开展主题实践课程，从社会生活、自然现象和实践基地出发，指向多学科、多领域融合，让学生多视角发现问题、分析问题，并提供系统性的支架和经验支持。

表1-4-1　校园年度活动主题

时间	活动	空间	节日活动
3月	创想节	创意工坊　　科学实验室 力学实验室　开放实验室 家庭实验角　科技连廊 STEM教室　　爬山虎乐园	疯狂的鸡蛋 （航、海、空）三模竞赛 奇趣小实验
4月	活力节	知足园　　　篮球场 室内外运动场　射箭馆	班级足球联赛 趣味运动会 夺冠篮球杯 研学旅行

续　表

时间	活动	空间	节日活动
5月	艺术节	艺术教室　旱溪池 紫藤廊架　丝韵馆 爬山虎乐园　潮娃乐园	潮娃杯书画大赛 丝韵响校园　六一会演 社团节　红领巾人才招聘会
6月	国际节	国际教室　国际理解 家校社协同	国际研学旅行　集团夏令营 STEM外教课 六年级毕业课程
9月	友爱节	潮大道　专用教室 室内外运动场	微微一笑，东二欢迎你 大手拉小手 百日成长夺金之旅 百日成长检阅　开学课程
10月	悦读节	演讲角　图书馆 图书角　国学堂	读书活动　好书推荐 阅读分享　小古文
11月	安全节	专用教室　报告厅 社会　室内外运动场	交通安全员　安全驾驶员 交通评估员　法制晨会 消防逃生疏散演练 安全主题教育
12月	成长节	报告厅　红领巾学院 校园电视台　风雨操场 教室连廊　家校社协同	童心向党庆百年 少先队代表大会 少代会提案答复会 三年级"十岁成长礼"

（三）具身实践与积极体验关联

在传统的学习视野中，学习被归结为大脑对于知识的认知，知识是否掌握，在于大脑对知识是否吸收。这种仅仅以大脑作为主旋律的学习样态，会使学习个体丧失行动的力量。"实践学习"将身体与大脑结合，使学生能够全身心投入学习情境中，由行至知，无论是知识吸收还是情感生发，都离不开个体的积极实践。学生在实践过程中丰富自己的体验，逐渐促进深层次的学习。

学校从校园八大节、爬山虎研究院、基地实践等方面将学生具身实践和积极体验结合，注重体验性、实践性（见表1-4-2）。

表1-4-2　主题实践课程体系

系列	主要活动	侧重融合领域
校园八大节	友爱节、悦读节、安全节、成长节、创想节、活力节、艺术节、国际节	"全生活"领域：生命保护、交往、阅读、青春、感恩、梦想、运动、时尚、创意等
爬山虎研究院	从学校生活情境中提出问题，对自然和社会现象进行研究	"全学科"整体性学习
基地实践	学军（部队基地）、学农（农场基地）、学工（企业、非遗场馆、艺人等）	"职业"领域认知、体验：军人与国防；传统农业与现代科技；生产工艺、艺术品等

　　成长驿站的建设加强了学科知识与社会生活的联系，与学生经验建立意义连接，突出学科思想方法和探究式学习。每个学科依据自身的实际特点，通过搭建载体形成"学科+项目"，如"实践作业"（数学）、"文言少年故事会"（语文）、"英语周·杭帮菜"（英语）、"家庭实验角"（科学）、"古海塘研究"（综合实践）等。尊重学生个性和生活经验的差异，充分发挥学生的创造性，通过与自己对话的形式改进自身行为，把知识学习内化为一种信念和情感。例如，数学实验"一粒米的力量"，学生通过研究发现，假如每人每天浪费一粒米，全国每天浪费大约13亿粒米，相当于26吨大米。26吨和学生的实际生活体验还是相差甚远，这依旧是一个抽象的数字。这名同学的发现是：一家5口人一顿米饭的量是：$(622-283)/5 \times 198 \approx 13424$（粒）；13亿粒米大约可以供5口之家吃几顿：$1300000000/13424 \approx 96841$（顿）；13亿粒米大约可以供1个人吃几顿：$1300000000/(13424/5) \approx 484207$（顿）；13亿粒米大约可以供1个人一日三餐吃几天：$484207/3 \approx 161402$（天）；13亿粒米大约可以供1个人一日三餐吃几年：$161402/365 \approx 442$（年）。这一具体的数据对学生的触动很大，生活中一天掉一粒米饭这么一件不经意的小事，竟能产生如此大的浪费。于是学生发起倡议，进行节约粮食21天打卡行动签名仪式，将所学知识转化为实际行动。

三、"四环"："思·研·展·评"之实践

成长驿站通过创设情境，启发学生思考；引导学生探究学习，促进学生思维提升；展示学习过程，实现学生思维可视化；通过学生的学习迁移，拓展学生思维。

（一）思：情境启思

成长驿站的情境教育注重活动的情境、体验的情境、探究的情境，通过情境转化、情境链接、情境构建三个步骤进行沉浸式情境启思，启发学生的思维。

1. 成长驿站的三大情境：活动·体验·探究

我国的情境教学发端于20世纪李吉林老师的情境教育探索。李吉林认为，一种真实的、本真的情境，使知识有根、有联系、有背景，并促使学习者通过与环境互动去建构知识。成长驿站则结合周边环境、周围情境进行建构，使学生完全融入学习情境之中，通过动手操作、合作探究启发学生思考。"创设情境让孩子充分地投入学习之中"是成长驿站创设的目的和追求。

成长驿站情境教育的情境是"活动的情境"。成长驿站创设了认知、审美、身体、情感、实践等多种情境活动。在这种整合性情境下，不同特征、不同发展特点的学习者都能够投入活动之中，获得最大程度的发展，达到实践育人的目的。成长驿站情境教育的情境是"体验的情境"。通过创设多种连接生活与学习的体验通道，学生既可以感知生活，也可以体验真实的生活场景。我们在唤起学生已有生活经验的基础之上，通过成长驿站，构建能够支持学生潜能发展的"学校—家庭—社会"生活体验网络。成长驿站情境教育的情境也是"探究的情境"，它以项目化主题贯穿始终，链接多种学科，进行跨学科主题教学。成长驿站为学生创设关键性问题，生成不同任务下的问题串，引导学生通过组内成员之间的合作探究，形成发现问题—提出问题—分析问题—解决问题的探究思路，引发学生深层次思考，促进学生的深度学习。

2. 沉浸式情境启思三步骤

通过情境转化、情境链接、情境构建三个步骤进行沉浸式情境启思（如图1-4-6所示），充分发挥实践、体验、探究在学生发展过程中的作用，从而搭建从知识到能力转化的桥梁，聚焦学生核心素养。

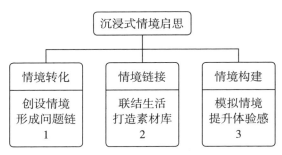

图1-4-6　沉浸式情境启思三步骤

案例1：《西游记》整本书阅读

结合学校悦读节，学校项目组开展《西游记》整本书阅读，在学校项目组的牵头下，年级组内各班成立项目组，研究周期是一学期。每个学生在项目组里承担相应的学习任务，根据学习任务进行跨学科学习。

情境转化：教师通过前期问卷调查，针对学生感兴趣的话题，创设《西游记》情境，提出了许多有趣的驱动性问题："如何辨识妖怪""探寻'长生不老'的秘密""孙悟空身高几何""唐僧通关文牒有几多""真的有八十一难吗"……以一个驱动性问题为核心，创设真实情境，将项目任务与生活进行对接，利用时空视角的转换，在大问题研究下形成结构化问题链，让学生进行自主探究学习，强调学习过程的个性化。

情境链接：教师创设真实的场景，如学校、家庭、社会、自然等，将其与生活联结，实现课堂方面、场馆方面、时空方面、家庭社区方面的巧妙转化。利用生活场景资源，重构空间场域，打通无边界学习。通过驱动性问题引导学习小组的学生联系生活，并在认真阅读、查阅资料、参观访问、合作交流等过程中共同完成项目任务。

情境构建：知识迁移需要有一定的能力和条件，通过融合虚拟场景和真实场景，构建可迁移的心智模型，提升学生在复杂情境中解决问题的能力。如构建"西游大讲堂"或"大唐美食推荐会"这样有趣好玩的情境，激发师生阅读和研究的热情。

（二）研：探究促思

成长驿站的探究学习是一种自发而开放的学习，不仅注重激发学生的内驱力，还注重学习空间的开放性，通过问题提出、独立思考、实践反思三个环节进行投入式的探究促思，在情境中自主地生发、生成、探究问题。

1. 成长驿站的学习：自发·开放

2022年4月，教育部印发《义务教育课程方案和课程标准（2022年版）》，标志着义务教育阶段的新课程全面迈入核心素养时代。随着我国课程改革的推进，学习的知识、理念、方法都出现了相应的变革，推进学生的探究性学习也已经成了热点话题，成了学校和教师追寻的教学方式，这与新课标强调的"加强课程综合，注重关联""变革育人方式，突出实践"这两条基本原则相契合。成长驿站通过为学生提供情境，以解决问题为导向，让学生展开探究学习。在教师的指导和带领下，学生通过各种形式获得知识，发展能力，培养情感、态度与价值观，特别是培养学生的自主探究精神和独立思考能力。探究学习与被动学习截然不同，且相互对立。

成长驿站的探究学习即"自发的学习"，它立足于学生的实际生活，主要通过大主题、大概念、大问题引发学生主动思考，更多的是基于学生的学习兴趣和自我需求，而非书本上或教材上的学科知识。成长驿站的探究学习是一种"开放的学习"。探究学习的开放包括学习空间、学习关系、学科之间的开放。学习空间的开放旨在让学生走出教室，走向社会，真正地打破校内外学习的壁垒。学习关系的开放要求打破陈旧的师生关系，建立平等的师生关系，在成长驿站中让学生与教师亦师亦友，甚至在教师的引导下，学生亦可以成为老师。学科之间的开放强调探究学习可以是项目化主题学习，也可以是跨学科主题学习，链接语文、数学、科学、美术等学科，充分发挥学生的个性特点，促进学生的思维发展。

2. 投入式探究促思三环节

成长驿站通过问题提出、独立思考、实践反思三个环节进行投入式探究促思（如图1-4-7所示），使学生自发、自主、自觉地探究所学知识与内容，引导学生在情境中自主地生发、生成、探究问题。

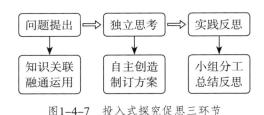

图1-4-7　投入式探究促思三环节

案例2：四年级上册数学"简易伸缩门"

问题提出：教授人教版数学四年级上册第五单元"平行四边形和梯形"时，前期进行基本知识的讲授，引导学生关联知识，发现问题。"校园门口的人、车每天进进出出，但校园依旧保持得这么有序、安全，校门口的这扇门可帮了不少忙哦。伸缩门可以伸缩自如，你觉得其中哪些图形起到了很大的作用？"同时也生成了各种子问题：这扇伸缩门里有哪些几何图形呢？哪个几何图形在其中起着重要作用呢？你还知道伸缩门中平行四边形的什么知识？链接数学、科学、美术、劳技等学科，融通运用。

独立思考：在问题提出时，教师不急于公布答案，而是给予学生独立思考的时间。学生在思考过程中应学会自主创造，先明确要解决这些问题：首先要做什么？需要获取哪些信息？这些信息如何获取？这些信息对解决问题有哪些必要的帮助？如制作简易伸缩门需要测量哪些数据呢？怎么制作一个可伸缩的平行四边形模型呢？先在心中构思简易伸缩门的方案以及模型。

实践反思：在项目实践中成立4～6人小组，由组长合理分配任务，小组成员通过查阅资料、头脑风暴、通力合作逐一解决问题。在小组合作阶段，每位组员或许都有独特的见解和想法，他们面对问题，迎难而上，突破难题，最终对项目成果和过程进行反思总结。如小组合作测量校门口的宽度，了解其中包含的科学、数学原理，按照比例制作出可伸缩的平行四边形模型。

（三）展：展学言思

成长驿站的"展学"和过去课堂的"展学"不同，它的"展学"是"有清晰目标的展学"，是"有体验、有收获的展学"，教师通过学情分析、课中实践、评价反馈三个环节进行深入式的展学言思，让学生的思维可视化。

1. 成长驿站的展学：清晰目标·体验收获

展学就是基于循证理论为学生创设让学生"看得见"的学习形式和学习样态，教师在教的过程中充分展示问题、过程、方法和成果。学生因展而学，借展言思；教师依展施教，借展评学，打破过去课堂中原生态、随机自发的展学，确立清晰、准确的展示目标，由学生担当展示的主体，在展示过程中将新旧知识相联系，从而使最后的结论具有连贯性。

成长驿站的"展学"具有清晰的目标。教师可以通过制作预习单或作业单的形式展示学生的问题和已有的基础，在展学时有针对性地收集物化成果，从而进行过程性和结果性评价。通过成长驿站的"展学"，学生能够有所收获。成长驿站为学生创设了生成性的课堂，教师通过目标辨析学生的学习是否真实发生，每个小组的合作是否真实有效。对于学生遇到的困难、迷惑、问题等，教师为学生提供支架帮扶，重新调整教学目标和教学节奏，改进教学过程，收集学生作品、作业，引导学生表达自己的想法、构建自我的学习经验。

2. 深入式展学言思三环节

成长驿站通过学情分析、课中实践、评价反馈三个环节进行深入式展学言思（如图1-4-8所示），及时改进教育教学，物化学生成果，达成真实有效的学习。

图1-4-8　深入式展学言思三环节

案例3：语文教学中的展学言思

学情分析：通过预习单或整理单展示学生的问题与已有基础。比如，在语文教学中，学生利用预习单记录感兴趣或者感到困惑的问题。在此基础上，教师梳理、分类、汇总学生的问题，了解学生个体、学习小组和班级整体的真实学情，再对教学目标进行二次修订，对教学活动进行二度设计，确定教学的现实起点和教学的重点、难点。

课中实践：通过活动单展示学生探究的过程与发现的结论。比如，在语文、科学、数学等教学中，教师聚焦教学内容的重难点和学生学习的困惑，通过提出活动要求、提供探究材料、提示探究步骤设计核心问题，引导学生独立探究或小组合作探究，如实记录探究的方法与过程、获得的数据与结论。

评价反馈：学生借助思维导图、知识树、结构图、小老师示范、情境模拟演出、现场创作、家校联系本等形式进行展示。教师及时给予评价和反馈，使学生在看得见的过程中发展表达、操作、交往、合作、沟通等关键能力，让核心素养真正在课堂教学中落地。

（四）评：迁移促思

成长驿站的学习迁移具有概括性、多样性等特点。教师通过搭建迁移桥梁、概括学习水平、评价学习结果三个环节进行自省式迁移促思，通过迁移实现举一反三，达到内心自省的目的。

1. 成长驿站的学习迁移：概括性·多形式

美国学者阿尔文·托夫勒认为："未来的文盲不再是目不识丁的人，而是没有学会怎样学习的人。"判断一个人是否真的会学习，关键看他是否进行了有效的学习迁移。学生是否会学习迁移，通俗来说，是看学生是否具有"举一反三"的能力，在不同情境内找到知识之间的联系和共同特征。学习迁移指的是将所学知识从一种场所运用到另一种场所，但学习的本质并没有发生改变，在考试和解题中表现为利用了同种概念、同种原理或同种方法。

成长驿站的学习迁移具有概括性。学生在学习中形成正迁移，将已学知识与新知识相联系。这不仅能够深刻掌握新知识，而且还巩固了旧知识，实现新旧知识之间的同化。成长驿站的学习迁移形式多样，不仅有基本的正负向迁移，还包括顺逆向迁移、水平与垂直迁移、一般与特殊迁移。学生能够根据自身实际情况在多种形式的迁移方法中选择有利于自身掌握知识的迁移形式，利用已有的知识经验，重新建构知识，架构新旧知识之间的桥梁。

2. 自省式迁移促思三环节

通过搭建新旧知识的迁移桥梁、概括学科知识水平、评价多维学习结果三个环节进行自省式迁移促思（如图1-4-9所示），真正提升学生面对不同学习场景解决问题的能力。

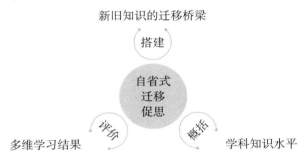

图1-4-9　自省式迁移促思三环节

案例4：六年级上册数学"圆的面积"

搭建新旧知识的迁移桥梁：教师在教学时，唤起学生已有的生活经验，搭建新旧知识之间的桥梁。如在教学"圆的面积"时，教师可以利用"转化图形"这一共同要素，在"平行四边形的面积""梯形的面积"和"圆的面积"之间搭建起转化的桥梁，引导学生从"平行四边形可以转化成长方形并推出面积"和"梯形可以转化成平行四边形并推出面积"迁移到"圆也可以转化成学过的图形并推出面积"。这样的学习不仅让学生掌握了有关圆的面积的知识，还提高了学习能力，实现了学习的正迁移。

概括学科知识水平：在数学教学中，小学生的数学概括水平是数学学习迁移的关键。教师在教学中要突出数学的本质，提高学生进行学科知识概括的能力，促使学生主动进行学习迁移。教师在教学中要引导学生进行观察和比较，准确概括出学科知识的本质特征，理解并掌握学科的基本概念。

如在教学"认识长方形"时，教师引导学生对桌面、数学书封面和黑板面等实物进行观察和比较，接着在黑板上度量已画好的长方形的边和角。学生经过全班交流后归纳概括出"长方形对边长度相等，四个角都是直角"的本质特征。

评价多维学习结果：教师可以通过学生的学习结果判断学生的迁移过程。学习结果通常包括作业、研究报告、反思报告、思维导图、话剧、表演等各种形式。如在学完一个单元或者一册书时，教师可以让学生用思维导图、统计表、树状图、鱼骨图等形式整理学习过的数学知识，将所学数学内容构建成知识图谱，突出知识之间的联系，为后面新知识的学习做好迁移的准备，并做好对学习过程的评价。

成长驿站通过"三联四环"构成实践模式，努力保持完全性实践与育人性实践的平衡，实现实践的整合性、生成性、教育性、生活性、工具性、社会性，强体验、真研究，以项目学习推进"场景+资源+工具+方式+评价"的五多学习样态变革。

第二章

生活驿馆：

指向"三亲"教育的实践育人图景

生活驿馆打造"亲历的课堂"，为了让每个孩子亲历生活，学校创设了小农夫、小当家、小公民等生活课程，以"生活劳动+创意物化"为主要学习样态，打造了多元化、开放式、多样态的生活亲历空间。以生活教育理论为基础的生活驿馆，旨在以"亲自然""亲家人""亲社会"的"三亲"教育实践，秉承着为了生活、成就生活的理念，让孩子亲历实践，从而让每一个孩子都成为幸福生活者。

第一节　生活驿馆的理论阐述

　　"生活即教育"是陶行知先生提出的教育思想。陶行知先生一生致力于教育改革，提出并实践"生活教育"理论，其生活教育观是以生活为中心、实践为基础、学生为主体、创造为目的、社会为学校的大教育观。在2023年"六一"国际儿童节到来之际，习近平总书记来到北京育英学校看望慰问师生，在学生农场时强调，很多知识和道理都来自劳动，来自生活。引导孩子们从小树立劳动观念，培养劳动习惯，提高劳动能力，有利于他们更好地学习知识。希望同学们从"学农"中感受到农作的艰辛和农民的不易，从小养成热爱劳动、珍爱粮食、尊重自然的良好习惯，为建设美丽中国作贡献。新时代生态文明建设要从娃娃抓起，通过生动活泼的劳动体验课程，让孩子亲自动手、亲身体验、自我感悟，让"绿水青山就是金山银山"的理念早早植入孩子的心灵。

一、生活驿馆的理论体系：建构"三联"途径

　　在物质文明与精神文明高度发展的今天，教育与生活脱节、学校与社会脱节、教学与实践脱节的现象仍然存在：社会对生活实践关注普遍不够，学校课程中培养生活技能的相关课程被淡化，家长在日常生活中对孩子生活自理能力的培养也不够重视，生活教育在家庭和学校中被弱化。生活教育理论对新时代的学校教育与学生培养仍然具有十分重要的意义。

　　在"双减""双新"政策的大背景下，教育要适应现代社会育人方式的

转变，着力于提升学生核心素养，就要突出"实践"，加强课程内容和学生经验、社会生活的关联，注重培养学生在真实情境中解决问题的能力。为遵循实践育人的教育原则，实现教育贴近学生生活，促进学生身心协调发展的目标，我校着力建设"生活驿馆"，践行陶行知先生的"生活教育"思想，贯彻实践育人理论，本着培养"幸福生活者"的目标，让教育来自生活，为了生活，最终成就生活。

生活驿馆在校园空间中突出生活教育的实践育人特点，以提高学生的生活力为目标，通过亲家庭、亲自然、亲社会教育，让学生动手操作、积累经验、获取生活技能，感受生活的美好，从而实现社会与自然、理论与实践的融合及家校社的联通，提升学生的基本生存能力和生存素养，让教育与实际生活联系起来，从而让学生成为未来的"幸福生活者"。

（一）联通社会与自然

马克思认为："人的本质不是单个人所固有的抽象物。在其现实性上，它是一切社会关系的总和。"人的本质是劳动的、运动的、活动的、实践的、社会关系的总和。当今社会的发展日新月异，经济全球化、网络信息化、人工智能化的快速发展，使当代学生的童年离大自然越来越远。很多孩子逐渐失去了对大自然的兴趣，沉迷于电子产品，被打上了"塑料儿童""宅童"的标签。尤其是劳动缺位和去自然化的生活，使儿童患上了"自然缺失症"，这已经成为全球化时代人类共同的现代病。

习近平总书记在党的二十大报告中指出："中国式现代化是人与自然和谐共生的现代化。""尊重自然、顺应自然、保护自然，是全面建设社会主义现代化国家的内在要求。必须牢固树立和践行绿水青山就是金山银山的理念，站在人与自然和谐共生的高度谋划发展。"

敬畏和尊重自然、人与自然和谐相处是生活教育的前提和条件。生活驿馆连接社会与自然，通过亲自然、亲家庭、亲社会的一系列生活教育，一方面，促使学生认识自然、遵循自然的客观发展规律；另一方面，促使学生认识社会、走向社会、了解社会、服务社会，培养学生正确的劳动观、价值观、人生观，从而全面提升学生的生存能力、生活能力和自主发展能力，实现人、自然与社会之间的和谐共生。

（二）联系理论与实践

理论联系实际是人类认识或学习活动的普遍规律之一。习近平总书记鼓励学生在知行合一上下功夫，并指出："增强本领就要加强学习，既把学到的知识运用于实践，又在实践中增长解决问题的新本领。"随着全球化的飞速发展，教育迎来新时代的巨大挑战。学生不能再以知识的储备作为主要学习任务，而是要学习如何运用知识去解决现实生活中的实际问题，适应社会发展要求。

生活驿馆为联系理论与实践提供了新的路径。"纸上得来终觉浅，绝知此事要躬行"，生活教育是有计划地指导学生了解社会生活，对社会生活中的知识和技能进行教育和培训，它包含的内容丰富多样，涵盖日常生活、健康生活、公民生活、劳动生活、职业生活和休闲生活等多个方面。对于学生来说，理论认识和生活实践的结合十分必要。知识可以通过学习获得，而技能需要经过生活体验和实践锻炼才能获得。学生通过在生活驿馆中的体验和实践，在真实的生活情境中开展学习，更有利于养成良好的习惯，培养健全的人格，成为身心平衡、手脑并用、智德兼修的人才。

（三）联通家庭、学校和社区

党的二十大报告提出"健全学校家庭社会育人机制"和"加强家庭家教家风建设"。自2022年1月1日起施行的《中华人民共和国家庭教育促进法》也明确提出"各级人民政府指导家庭教育工作，建立健全家庭学校社会协同育人机制"。教育部等十三部门联合发布《关于健全学校家庭社会协同育人机制的意见》，以法规的形式进行价值倡导、行为规范，为各地开展家校社协同育人工作提供了重要依据。

创设健康的教育生态环境，实现学校立德树人教育目标，需要家庭、学校和社会的有效协同，构建学校、家庭、社会协同育人新格局，明确学校、家庭、社会三方在协同育人中各自的职责定位及相互协调机制，形成教育合力。家庭教育重在修身立德，学校教育重在求知明智，社会教育重在实践担当。生活驿馆搭建起家校社联通的桥梁，让三者相互作用，实现协同育人的目的。学校主导，开展各类课程实践和主题教育，以"小农场"为载体，融合国家课程与劳动教育；家庭推动，以家庭为实践基地，带领学生积极参与各类生活实践，如厨艺、理财、家务劳动等；社会支持，借助社区、场馆、工厂企业、农场等场所，开展劳动体验、职业体验等各类实践活动。

二、生活驿馆的关键特征：分解"生活力"

生活驿馆旨在构建特定的学习路径，以学习者自身生活为内容，让学习者体验和实践社会生活活动和技能，其有别于传统的学习方式，有自己的关键特征。

（一）指向真实生活的生存性

生存能力是人类适应和改造社会环境的综合性能力，包括独立生活能力、社会交往能力、功能性学术能力、休闲娱乐能力和职业能力等。随着社会的不断进步和发展，学生必须具备一定的生活能力和社会能力，才能应对未来的发展。

生活驿馆对学生基本生存能力的培养，不但包括衣、食、住、行等方面的生活自理能力，还包括适应社会的"生存力"。生活驿馆通过教育丰富学生的社会经历，让学生掌握一些实用的技能，提升他们的社会能力、合作能力和应变能力，使其更加适应社会环境，为未来的发展创造机会。

（二）指向身体力行的实践性

实践育人是以马克思主义实践观为基石形成的育人新理念，在真实情境中创造性地解决问题，将知识与学生的认知经验相连，促使学生在实践中实现进阶发展。

社会生活的内容非常丰富，通过社会实践可以把丰富的生活素材引入课堂，为学生提供鲜活的教育素材，为生活教育提供充足的教学资源。学生以通过学习获得的理论知识和间接经验为基础，亲身体验、动手操作、身体力行，将所学的知识迁移到真实的情境中。生活驿馆通过为学生提供社会考察、科技文化服务、志愿服务、劳动锻炼等具有应用性、综合性、导向性的实践活动，发掘学生的潜能，激发学生的兴趣，发展学生的个性，让学生实现可持续发展、个性化发展，从而促使学生成长、成才。

（三）指向社会责任的社会性

教育部印发的《大中小学劳动教育指导纲要（试行）》指出："必须面向真实的生活世界和职业世界，引导学生以动手实践为主要方式，在认识世界的基础上，获得有积极意义的价值体验，学会建设世界，塑造自己，实现树德、增智、强体、育美的目的。"

科技发展和产业变革对生活教育的内容提出了新的要求，只有掌握新时代职业、技术和工具的新变化，与时俱进，开展相适应的生活教育，才能跟上时代的步伐。生活驿馆具有突出的社会性，学校教育、社会生活和生产实践直接联系，让学生在真实情境的体验下获得知识，连接个人与社会，认识社会，从而增强社会责任感，体会人与社会的和谐共生关系。

三、生活驿馆的目标引领：培养幸福生活者

《中国学生发展核心素养》指出，中国学生发展核心素养以培养"全面发展的人"为核心，分为文化基础、自主发展、社会参与三个方面，综合表现为人文底蕴、科学精神、学会学习、健康生活、责任担当、实践创新六大素养。提出发展学生核心素养，是在新的历史时期落实立德树人战略目标的重要途径，为我们真正走向以学生为中心的教育，确立回归教育本源的学校教育教学实践提供了引领性支撑。教育的使命和目的是发展学生的核心素养。教育应该以育人为根本任务。以生活教育理论为基础的生活驿馆，旨在以"亲自然""亲家庭""亲社会"的"三亲"教育实践，打造亲历的生活课堂，培养学生的生存力、生活力和社会性，提升学生的核心素养，让学生成为幸福生活者（如图2-1-1所示）。

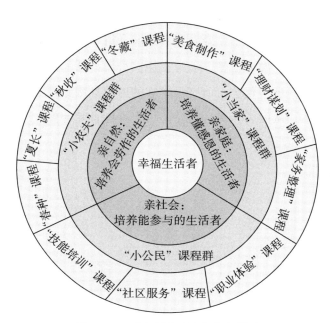

图2-1-1 "幸福生活者"框架搭建

（一）亲自然：培养会劳作的生活者

以"小农夫"课程群为载体，架构"春种""夏长""秋收""冬藏"四大内容，让学生亲历四季，在真实的自然环境中实践劳动。在活动中，以学生为学习中心，组织学生对种植中遇到的真实问题展开研究，关注学生在农耕劳作中的体验和感受，从而使学生亲近自然、回归田园，成为亲自然、会劳作的生活者。

（二）亲家庭：培养懂感恩的生活者

以"小当家"课程群为载体，以家庭为实践基地，将学生的日常生活与亲身实践结合起来，让学生在美食制作、理财谋划、家务整理等家庭生活体验中，了解家庭生活各方面的内容，体验家庭杂事的烦琐与重要，学习生活技能，感受家人日常劳动的辛苦与乐趣，培养学生的动手、动脑能力，成为亲家庭、懂感恩的生活者。

（三）亲社会：培养能参与的生活者

以"小公民"课程群为载体，以丰富的社会生活为实践载体，整合街道、社区、大学、场馆、企业、实践基地等各种资源，积极开展技能培训、社区服务、职业体验等各类实践，以真实的社会生活情境来教育学生，帮助学生提升社会认知、职业意识、人际交往、合作创新的能力，学习处理个人与社会的关系，掌握现代公民所必须遵守的道德准则和行为规范，增强社会适应力和责任感，从而成为一名亲社会、能参与的生活者。

第二节　生活驿馆的课程建构

生活驿馆遵循小学生的生活规律，贴近生活，以"真操实练"为活动轴，建设"小当家""小公民""小农夫"三大课程群，打造亲历的课堂，秉承着在生活中为了生活、成就生活的理念，让学生亲历实践，培育幸福生活者。本节从课程设置、课程实施和课程评价三个方面入手构建生活驿馆课程体系（如图2-2-1所示）。

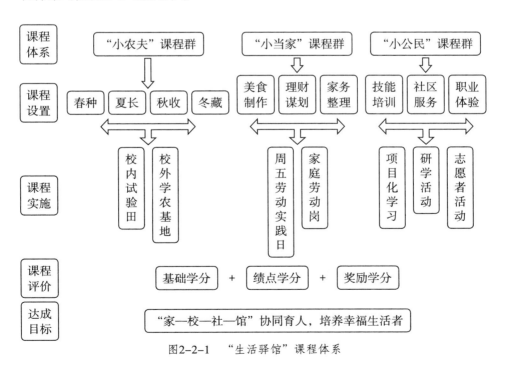

图2-2-1　"生活驿馆"课程体系

一、"小农夫"课程群——亲自然

"小农夫"课程群指向"亲自然"培养,架构"春种""夏长""秋收""冬藏"四类课程,让学生在真实的自然环境中实践劳动,成为亲近自然、回归田园、懂农耕、会劳作的幸福生活者。

(一)课程设置:"小农夫"课程群

"小农夫"课程群将劳动教育与学科教育相结合,学生亲历"春种""夏长""秋收""冬藏"四类课程的学习,体验农作物播种、施肥、灌溉、生长及丰收的全过程。学生在农作物生长的过程中开展研究性学习,融合多学科知识探究农作物生长的奥秘,认识日常生产劳动,了解创新性农耕工具,学习基础农耕工具的使用,全方位地体验劳动之美和劳动的艰辛,引导学生树立正确的劳动价值观,进而尊重劳动、崇尚劳动,实现树德、增智、育美、创新的全面育人功能。

1. "春种"课程

春,推也。春阳普照,万物滋荣。"春种"课程(见表2-2-1)旨在通过农作物选种、农耕工具的使用开展日常生产劳动,融合多学科知识探究农作物生长的奥秘,增长学生的农业知识,增强学生的劳动实践能力。

表2-2-1 "春种"课程表

课程	年级	活动目标	涉及学科	课时安排	活动形式
"春种"课程	一至二年级	认识种植的农作物和所需要的工具,掌握基本的劳动技能	劳动 综合实践 语文 科学	4课时	校内
	三至四年级	1. 搜索资料,了解农作物的生长过程并记录,通过科学丈量土地,合理规划种植;熟练使用农耕工具。 2. 认识化肥,了解其作用,学习为农作物施肥	劳动 综合实践 语文 数学 信息 科学	4课时	校内

续 表

课程	年级	活动目标	涉及学科	课时安排	活动形式
"春种"课程	五至六年级	1. 搜索资料，了解农作物的生长过程并记录，通过科学丈量土地，合理规划种植。 2. 熟练使用农耕工具，并根据农耕过程中出现的问题，设计制作农耕工具	劳动 综合实践 语文 数学 信息 科学	4课时	校内

2. "夏长"课程

夏，万物生长。"夏长"课程（见表2-2-2）旨在让学生观察植物生长规律，走进自然，探索自然，在真实的自然环境中实践劳动，锻炼学生培育方面的劳动技能。

表2-2-2 "夏长"课程表

课程	年级	活动目标	涉及学科	课时安排	活动形式
"夏长"课程	一至二年级	1. 观察农作物生长状态，尝试用绘画和文字的形式进行记录。 2. 认识不同种类的杂草，了解清除杂草的方法，体验除草	劳动 综合实践 语文 美术 科学	4课时	校内
	三至四年级	观察农作物生长规律，并能自主发现问题、提出问题、分析问题、解决问题，完成"项目式"研究报告	劳动 综合实践 语文 数学 科学	4课时	校内
	五至六年级	1. 观察植物生长规律，并能自主发现问题、提出问题、分析问题、解决问题，完成"项目式"研究报告。 2. 学习套袋护果的方法、作用和注意事项	劳动 综合实践 语文 数学 科学	4课时	校内

3. "秋收"课程

秋，禾谷熟也。"秋收"课程（见表2-2-3）旨在让学生在收割、采摘、加工、分享等过程中感受丰收的喜悦，懂得劳作的不易。

表2-2-3 "秋收"课程表

课程	年级	活动目标	涉及学科	课时安排	活动形式
"秋收"课程	一至二年级	了解果实成熟的特征，体验秋季采摘的乐趣，感受丰收的喜悦	劳动 综合实践 科学	4课时	校内
	三至四年级	1. 了解果实成熟的特征，体验秋季采摘的乐趣，感受丰收的喜悦。 2. 对收获的农作物进行加工，组织开展"潮市场"，进行劳动成果分享	劳动 综合实践 语文 科学	4课时	校内
	五至六年级	1. 了解果实成熟的特征，体验秋季采摘的乐趣，感受丰收的喜悦。 2. 了解扦插与嫁接的作用，并掌握其方法	劳动 综合实践 语文 科学	4课时	校内

4. "冬藏"课程

冬，终也，万物收藏也，这意味着万物进入休养、收藏状态。"冬藏"课程（见表2-2-4）旨在让学生了解不同农作物的储存方式，并学习晾晒、腌制等劳动知识，提高实践能力。

表2-2-4 "冬藏"课程表

课程	年级	活动目标	涉及学科	课时安排	活动形式
"冬藏"课程	一至二年级	了解不同农作物的储存方式	劳动 综合实践 语文 科学	4课时	校内
	三至四年级	了解不同农作物的储存方式；学习晾晒、腌制农作物	劳动 综合实践 语文 科学	4课时	校内
	五至六年级	了解不同农作物的储存方式；研究农作物储存的创新之法	劳动 综合实践 语文 科学	4课时	校内

（二）课程实施：校内试验田+校外学农基地

"小农夫"课程群面向全体学生，打通校内外，以劳动为主，遵循"劳动润心，实践育人"的课程理念，让学生亲近自然、亲自动手、亲历成长。校内试验田和校外学农基地是学生重要的劳动教育实践基地，是一间间自然的教室。"小农夫"课程群将书本知识带到了田间地头，将知识立体化、生活化，让学生亲身感受农作物的四季变化，丰富城市学生对于农作物播种、生长、收获等过程的了解和体验，激发其珍视劳动成果、热爱自然、热爱生活的品质。

1. 校内试验田

学校将"小农场"划分为44块土地，一至六年级每个班级认领一块班级责任田（如图2-2-2所示），还开放了8块试验田（如图2-2-3所示），需由学生自主申报，组建小组，寻找导师，开展专项实验研究。

学生依据四季变更、农作物的生长规律及环境因素，历经"春种""夏长""秋收""冬藏"四大课程，学做合格"小农夫"，并在实践中学会解决问题。如：为了增加产量，安装蔬菜支架，学习套种技术；为了免遭"飞来横祸"——足球的"攻击"，安装了防护网；通过网络学习，还懂得了去除"顶端优势"等。

与此同时，开展项目式学习，融合多学科知识研究农作物生长奥秘，了解并创新设计农具，从而提高学生发现问题、分析问题、解决问题的能力，培养其劳动意识、合作意识、创新意识，进一步提升综合素质。

图2-2-2　班级责任田

图2-2-3　试验田

2. 校外学农基地

为了拓展劳动教育场域，"现代化农业基地""高新技术企业"等社会单位成为学校的校外学农基地（如图2-2-4所示），各行各业的专家成为学校特聘的教师，为学生带来一堂堂生动有趣又内容丰富的课。

学校每年5月、10月为四至六年级的学生开展为期三天的学农活动（如图2-2-5所示）。学生住在农户家中，体验最真实的乡村生活；干农活，日出而作，日落而息；了解农具使用方法，学习农耕知识，了解农作物生长规律。

为了让学生更贴近自然课堂，学校积极开发校外资源，打造校外劳动教育研学基地。在杨公社区内，有一处东城二小师生的"秘密基地"，这里种植着各种农作物，学校会不定期组织不同年级的学生来基地学习养护知识，开展劳作活动。

图2-2-4　校外学农基地

图2-2-5　学农学生合照

（三）课程评价："劳动之星"

"小农场"劳动教育课程以学生的全面发展为本，培养学生的劳动意识、实践能力和创新精神，以全员参与、全程参与、全面参与为目的，将评价结果作为学生综合素质评价的重要参考，切实发挥评价的导向和激励作用。

评价由"基础学分""绩点学分"和"奖励学分"三部分组成。"基础学分"以劳动态度、劳动实践参与等方面为主（见表2-2-5）；"绩点学分"以劳动创新、劳动成果展示与整理、劳动技能竞赛等方面为主；"奖励学分"以劳动成果获奖、劳动实践重大突破等方面为主。学分评价单将记入学生成长档案，激发学生参与劳动实践的积极性和主动性，促使学生养成爱劳动、爱生活的意识。

表2-2-5　　"小农场"项目活动基础学分评价单

评价内容	自评	组评	师评
积极参与活动的态度（积极参与）	☆ ☆ ☆	☆ ☆ ☆	☆ ☆ ☆
实践操作能力的提升（实践操作）	☆ ☆ ☆	☆ ☆ ☆	☆ ☆ ☆
同学合作交往的情况（合作交往）	☆ ☆ ☆	☆ ☆ ☆	☆ ☆ ☆
创造探究精神的表现（创新探究）	☆ ☆ ☆	☆ ☆ ☆	☆ ☆ ☆
我对集体活动有贡献（快乐奉献）	☆ ☆ ☆	☆ ☆ ☆	☆ ☆ ☆
总计获得（　　）颗星（☆）综合评价等级：	40颗及以上得A，30到39颗得B，20到29颗得C，20颗以下得D		

同时，学校根据"小农场"产量和销售额等指标，定期评选"劳动美丽班级"。根据学生的学分，结合过程性评价，采取自评、同伴评、家长评和老师评的方式进行整体评价，颁发"劳动之星"奖章。

二、"小当家"课程群——亲家庭

（一）课程设置："小当家"课程群

"小当家"课程群以家庭为实践基地，以美食制作、理财谋划、家务整理等家庭生活体验为内容，培养学生勤俭持家的品质，让学生成为懂得感恩、照顾家人的好当家。

1."美食制作"课程

为切实有效地开展劳动教育课程，我校因地制宜，引入富有学校特色的劳动课程——"美食制作"课程（见表2-2-6），小厨师们在美味"食"光馆中探究、体验、创造、感悟，提高了生存能力和动手实践能力，学会了尊重和珍惜劳动成果，懂得了感恩家人。

表2-2-6 "美食制作"课程表

年级	活动目标	涉及学科	课时安排	活动形式
一至二年级	1.学会洗水果、洗蔬菜。 2.学会剥水果皮、剥鸡蛋、剥虾壳。 3.学会制作简单饮品	劳动 综合实践 科学	4课时	校内 校外
三至四年级	1.学会切菜、削水果皮。 2.学会做凉拌菜和水果拼盘。 3.学会加热馒头、包子，包馄饨、水饺，煮鸡蛋（羹）、水饺	劳动 美术 科学 综合实践	4课时	校内 校外
五至六年级	1.初步了解食品安全常识和营养搭配。 2.学会简单烘焙。 3.学会烹制一荤一素一汤，或两道当地传统菜肴、特色美食	劳动 美术 科学 综合实践	4课时	校内 校外

2."理财谋划"课程

为了让孩子们树立正确的消费观，养成适度消费的习惯，我校开展了"理财规划"课程（见表2-2-7），让孩子们了解货币、储蓄、营销的知识，通晓理财之道，并建立对家庭和社会的责任感。

表2-2-7 "理财谋划"课程表

年级	活动目标	涉及学科	课时安排	活动形式
一至二年级	1.认识货币。 2.学会购买文具	数学 劳动 综合实践	4课时	校内 校外
三至四年级	1.学会列出超市采购清单并进行采购。 2.学会电子支付购物、自助取款	数学 劳动 综合实践	4课时	校内 校外

续 表

年级	活动目标	涉及学科	课时安排	活动形式
五至六年级	1. 学会银行开户，可以自主管理。 2. 学会管理家庭一周开支，并做好管理数据的研究对比，提出家庭建议	数学 劳动 综合实践	4课时	校内 校外

3. "家务整理"课程

为了让学生学会生活自理，主动承担家务劳动，加强劳动实践，我校开展了"家务整理"课程（见表2-2-8），积极引导学生参加打扫卫生、整理物品、清洁衣物等家务劳动，掌握生活技能，用小手承担责任、奉献爱。

表2-2-8 "家务整理"课程表

年级	活动目标	涉及学科	课时安排	活动形式
一至二年级	1. 学会整理书包，有序摆放书包里的学习用品，保持各类用品的清洁卫生。 2. 学会整理玩具，进行规整摆放。 3. 学会整理书桌，合理摆放各类用品，并能坚持每日整理书桌。 4. 学会清洗自己的小衣物，并叠好放入专用柜子中	道德与法治 劳动 综合实践	4课时	校内 校外
三至四年级	1. 会使用工具清扫房间地面。 2. 会区分各季节的鞋子，依据鞋柜特点有序摆放。 3. 学会整理床铺，有序摆放床上用品。 4. 学会整理衣柜，能够根据季节的变化整理当季的衣物。 5. 学会刷自己的鞋子，保持鞋子的整洁。 6. 学会缝钉纽扣，学会穿针引线，收针打结	道德与法治 劳动 综合实践	4课时	校内 校外
五至六年级	1. 学会自己换、洗床单和被套。 2. 学会分类清洗、晾晒和熨烫衣物。 3. 能按卫生间需求分类整理、摆放物品。 4. 学会清理厨房	道德与法治 劳动 综合实践	4课时	校内 校外

（二）课程实施：家庭劳动岗+周五劳动实践日

习近平总书记指出："'人生在勤，勤则不匮。'幸福不会从天降，美好生活靠劳动创造。""双减"政策落地以来，我校积极引导学生参加劳动实践，培养学生的动手能力，设置固定的"家务劳动岗"，践行"周五劳动实践日"制度，分年段安排了劳动作业清单，营造了"我劳动，我快乐"的良好氛围。

1. 家庭劳动岗

我校积极开展家校合作，指导每一名学生结合自己的年龄特点设置固定的"家务劳动岗"，鼓励学生每天参加家庭劳动体验活动，家长根据家务劳动细则指导和帮助孩子参与常规家务劳动，如父母手把手引导孩子一起做家务，共同研究如何把菜炒得色、香、味俱全。父母和孩子共同经历了手把手、搭把手、基本放手的过程，孩子体会到了父母的辛苦，逐步树立正确的劳动观念，掌握基本的、简单的劳动技能和知识，养成良好的劳动习惯和品质。

2. 周五劳动实践日

在劳动中锻炼，在体验中成长。我校积极开展学生劳动教育，以"美好生活由我创造"为主题，设置了"美食制作""理财谋划""家务整理"三大课程，学生依据家务劳动细则的要求，践行"周五劳动实践日"制度，即每周五放学回家，学生主动参与，在家做力所能及的家务，体会父母劳动的辛苦，做到尊敬长辈、理解长辈，养成劳动习惯，掌握生活技能，提升劳动素养。

（三）课程评价："当家之星"

评价是对学生达成教育目标程度的判断，更是激励学生前进的指向标。班级每周进行家庭劳动实践活动的交流分享，根据劳动时长和完成质量，依据实践任务单（见表2-2-9）评选本周的"当家之星"。一学期中多次被评为"当家之星"的学生可获得"优秀小当家"的荣誉称号，学校会举行表彰仪式，对这些学生进行表彰，并在学校公众号平台上宣传"优秀小当家"的劳动事迹，为其他学生树立劳动榜样。

表2-2-9 "当家劳动"实践任务单

日期	劳动项目	劳动时长	完成质量			
			劳动参与		劳动技能	
			自评	家长评	自评	家长评
周一						
周二						
周三						
周四						
周五						
周六						
周日						
劳动心得						

三、"小公民"课程群——"亲社会"

（一）课程设置："小公民"课程群

"小公民"课程群开展丰富多彩的社会生活实践活动，以真实的社会生活情境来教育学生，使其成为一名遵守公德、热心公益、文明友善、积极参与、有"温度"的好公民。

"小公民"课程群整合街道、社区、大学、场馆、企业、实践基地等各种资源，开展培训参观、劳动体验、技能培训、职业体验等各类实践，将社会实践与各学科课程内容进行整合，与现实生活相连接，突出生活体验，关注技能提升，让学生参与到课程实践中，将生活、生存、发展的需求提升至学生自我精神的成长和自我愿望的实现上，将服务他人、服务社会、服务国家更好发展的愿望转化为社会生活能力。

1. "技能培训"课程

学校邀请行业专家，组织学生开展专业技能培训，如木工、烘焙、航模、厨艺、应急救护、信息技术等，进行理论知识的学习和实操能力的培养，提高学生安全使用工具、按要求规范操作、处理和解决实际问题的技巧与能力。

2."社区服务"课程

学校通过家庭联盟小队的形式，将每班的学生以其居住的远近分为5～6个服务小队，每队选出一位小队长负责管理队员的活动。参与社区活动时，由小队长来联系并召集队员集体参加志愿者活动。学生在社区图书馆和博物馆进行志愿者活动时，感受劳动的艰辛和收获的快乐，以此增强获得感、成就感。

3."职业体验"课程

让社会在劳动教育中发挥支持作用，学校通过"小公民"劳动活动组织学生深入田间、工厂、企业等，参加力所能及的服务性劳动，体验不同职业的劳动特点和工作艰辛，与普通劳动者一起经历劳动过程，从而体会劳动创造的价值（见表2-2-10）。

表2-2-10 "小公民"劳动内容安排

时间安排	主题活动	内容	活动场地
1—2月	暖冬行"福"满人间	书写春联，送春联	客运中心 杭州东站
3月	自行车换新装	擦拭公共自行车	客运中心 街道
4月	我是文明劝解员	当一次地铁文明劝解员	地铁站
5月	我是小小导游	熟知某个景点，做次小导游	杭州景点
6月	大手牵小手，一起来劳动	指导低龄小朋友进行简单的家务劳动	家
7—8月	我是防溺水宣传员	发放防溺水宣传单	社区 街道
9月	我是护绿小卫士	做好小区、学校周围绿化带养护工作	小区 校门口
10月	我是爱老敬老小天使	和老人一起过重阳节	社区服务中心
11月	我是交通劝导员	劝导骑电动车必戴头盔事宜	街道
12月	我是小花匠	在小区物业的允许、帮助下，除杂草、种花、给树木刷石灰	小区绿化带

（二）课程实施：项目化学习+研学活动+志愿者活动

"小公民"课程群的实践活动多样（见表2-2-11），有以学科为中心的课堂学习，有以实践活动为中心的志愿服务、参观、技能培训，还有以专题问题为中心的研学、项目化学习。其中以家庭联盟小队的形式来开展社会生活实践，是我校生活实践育人的特色路径。

表2-2-11 "小公民"实践活动安排

年级	实践方式	社会资源	活动
一至二年级	培训参观	杭州Do都城	职业体验
	劳动体验	学校周边社区	小区清洁、垃圾分类
	技能培训	蛋糕房	糕点制作
	志愿服务	九堡交警中队	文明劝解、头盔佩戴
三至四年级	培训参观	天子岭垃圾填埋中心	了解垃圾的处理与再利用
	劳动体验	客运中心	小红车整理、擦拭
	技能培训	红十字救护中心	救护技能学习
	志愿服务	老年福利院	陪伴老人、节目演出
	职业体验	银行	顾客引导、秩序维持
五至六年级	培训参观	空军基地	参观军营、了解国防知识
	劳动体验	快递分拣中心	快递分拣
	技能培训	胡庆余堂中药博物馆	学习中药制作
	志愿服务	海塘博物馆	导游、讲解
	职业体验	龙湖国芳天街	商品推荐、导购

1. 项目化学习

《义务教育劳动课程标准（2022年版）》在课程实施上强调劳动项目的开发，强调从学生真实的劳动需求出发创设情境，解决真实问题。学校通过创设立体化、多样化的体验情境，设置具有挑战性的驱动性问题，开展"小公民"课程群的项目化学习。课程学习以道德与法治为主，让学生得到最大程度的真实体验。结合学科特点，把公民课程有机融入学科教学，在项目实施过程中灵活运用其他课程所学的知识进行社会实践，提高学生的综合素养，发挥课程的育人功能。

2. 研学活动

整合校外资源，选择资质良好的研学基地。通过集体旅行、集中食宿的方式开展校外教育活动，通过研学活动拓宽视野、丰富知识，加深学生与自然和文化的亲近感，培育学生自理能力、创新精神和实践能力。

3. 志愿者活动

学校搭建平台，结合实际，有计划、有步骤地组织学生参与社会上各类志愿服务活动（见表2-2-12）。如宣传文明风尚、送温暖献爱心、维护公共秩序、提供赛会保障、应急救援服务，以及面向特殊群体的志愿服务等。学生志愿者在志愿服务过程中积极弘扬"奉献、友爱、互助、进步"的志愿精神。学校以学生个体或集体为单位，对学生的志愿服务进行登记备案、记录认定、成果评定，定期表彰志愿服务中表现突出的学生。

表2-2-12　"小公民"志愿服务建议清单

项目	低段	中段	高段
"小公民"志愿服务	1. 主动为同学、老师等做一件好事。 2. 为父母或长辈做些表达孝心的事。 3. 在老师或家长的带领下，参加一次学校、社区或社会的公益性活动	1. 主动参与学校和社区的服务小岗位，为身边的人服务。 2. 寻访一个身边的劳动者，了解他一天的生活和劳动故事，并为他做一件事。 3. 在老师或家长的协助下，参与或组织开展一次志愿服务	1. 关心社会热点，定期通过报纸、新闻、广播等了解劳动者和劳动行业。 2. 为学弟、学妹上一次课或帮他们做一件事。 3. 针对学校、家庭和社会中的一类劳动项目或劳动现象开展调查研究，对相关部门提出意见、建议

（三）课程评价："服务之星"

"小公民"课程群的评价强调过程与结果并重（见表2-2-13、表2-2-14），根据学生在课程中的自主意识、参与程度、合作交流、技能提升、实践能力等不同维度，开展学生自评、组内互评、教师评价、辅导员评价等多种形式的评价。同时，设计每次课程的活动记录单，鼓励学生通过照片、视频、手抄报、现场汇报、实物展览、调查报告等形式进行成果展示，交流自己的收获，记录自己的经历和感受，给予学生自主成长的空间。

表2-2-13　"服务之星"评价量表

班级			姓名		
活动内容			活动时间		
评价项目	自主表达	参与程度	合作交流	技能提升	实践能力
学生自评	☆ ☆ ☆ ☆ ☆	☆ ☆ ☆ ☆ ☆	☆ ☆ ☆ ☆ ☆	☆ ☆ ☆ ☆ ☆	☆ ☆ ☆ ☆ ☆
组内自评	☆ ☆ ☆ ☆ ☆	☆ ☆ ☆ ☆ ☆	☆ ☆ ☆ ☆ ☆	☆ ☆ ☆ ☆ ☆	☆ ☆ ☆ ☆ ☆
教师评价	☆ ☆ ☆ ☆ ☆	☆ ☆ ☆ ☆ ☆	☆ ☆ ☆ ☆ ☆	☆ ☆ ☆ ☆ ☆	☆ ☆ ☆ ☆ ☆
辅导员评价	☆ ☆ ☆ ☆ ☆	☆ ☆ ☆ ☆ ☆	☆ ☆ ☆ ☆ ☆	☆ ☆ ☆ ☆ ☆	☆ ☆ ☆ ☆ ☆

表2-2-14　"小公民"课程群活动记录单

班级：＿＿＿＿＿＿　　姓名：＿＿＿＿＿＿

活动内容	
活动地点	活动时间
参与人员	
实践步骤	
体验感受	
活动成果 （照片、手抄报、 调查报告等）	
活动反思	
辅导员点评	

第三节 生活驿馆的空间打造

多元化的校园空间构建把课程、师生、学习时空、学习技术等核心元素有效地统整起来,基于学科又高于学科,基于课堂又高于课堂,经过学生的理解与体验,真正达到空间与学习的交融、体验与成长的交互,让"双减"在愉快的学习空间中真正落地。

一、多元化的校园空间构建

空间打造是一场行动研究,更是一次理念和思想的渗透。学校以"好玩的问题"为引领,创新每一个学习空间,让学生在感官与空间环境互动的过程中获得知识,进而认知世界、构建和发展自身。优化后的学习空间能够有效促进学生的学习和发展,让学习空间不再是"静止的音符",而是"灵动的生命体"。

(一)即兴型:巧创生活环境

自然是最好的老师。学校利用自然环境,努力为学生打造无限的学习成长空间。学生可以利用下课时间,即兴地、自发地在各个空间中观察、学习、探究,让对话无处不发生,学习无时不经历。

1. 走廊文化墙

学校以"好玩的问题"为引领,打造学习空间,让学校的每一面墙具有生命力。学生在玩创体验中开拓创新、实践真知。学校在空间改造过程中,在每一面外墙的墙脚都种了爬山虎。"爬山虎墙"(如图2-3-1所示)本应该成为学校一道亮丽的风景线,但是东城二小的爬山虎就是不"爬墙"。面对这一问题，老师们以"爬山虎为什么不爬墙"为研究问题，引导全校学生进行研究，学生们都很有兴趣。有的学生利用放大镜、温度计等科学仪器研究观测爬山虎；有的学生仔细观察后将爬山虎的形状画下来，记录爬山虎生长（如图2-3-2、图2-3-3所示）；还有的学生以爬山虎为题进行诗歌、童谣的创作。东城二小利用走廊墙壁巧设爬山虎生活真环境，不仅培养了学生的科学核心素养，还引导学生将爬山虎精神贯彻到学习生活当中。走廊文化墙的角落里还专门设展，展示同学寻访爬山虎精神人物的手抄报，以塑造学生正确的价值观。校园文化墙的布置有效地支持学生学习、探索，培养了学生探究拓展的能力和自主创新的意识。

图2-3-1　爬山虎墙　　图2-3-2　学生观察爬山虎　图2-3-3　学生记录爬山虎生长

2. 班级生活角

在班主任的组织下，学校每一间教室的环境布置都生机盎然。学生们成立了行动小组，分工协作，精心布置一个个内容丰富、生动有趣的专栏，成功地展示了班级风貌，形成各具特色的班级文化。有些班级重点打造"植物角"（如图2-3-4所示），让每个学生自带一盆绿植，并由本人负责照料；有些班级重点打造"生物角"，由同学们轮流照看可爱的小生物；有些班级精心打造"卫生角"（如图2-3-5所示），创建干净、卫生的教室环境；有的班级创设温馨"图书角"，并由学生们自主管理。学生还用图画、绿植等装饰品美化这一方小角落，让这里整洁、优美，形成有各班特色的阅读区域。在老师们的组织下，学生动手动脑，打造了精致、整洁的教室环境。在创造良好的空间环境的过程中，潜移默化地渗透劳动教育，培育学生良好的生活习惯和劳动素养。

图2-3-4　班级植物角　　　　　　　　图2-3-5　班级卫生角

（二）固定型：精设生活课程

生活课——孩子成长的必修课。为了让每个学生在校内能够学得会、学得好、学得足，热爱生活、热爱劳动，学校开设了专门的生活课程，包括"潮爸潮妈"课程和社团拓展课程，课程时长固定，以兴趣为导向，培养学生的劳动技能和社会能力。

1."潮爸潮妈"课程

"潮爸潮妈"课程是我校的特色课程，每个月会为每个班级安排一节，每节课40分钟。教师邀请有一定劳动特长、劳动专业知识的家长走进课堂，给孩子们上特色课，指导孩子们掌握一些必要的生活技能，帮助孩子们学会劳动，学会生活。我们的"潮爸潮妈"利用自己的职业优势和生活经验，教会了孩子很多生活技能（如图2-3-6、图2-3-7所示），如营养师家长教孩子们做糕点，花店的店长妈妈教孩子们插花，服装行业的家长教孩子们穿针引线、钉纽扣，还有家长给孩子们培训家庭急救知识，教孩子们学习使用消防设备，和孩子们一起探讨如何理财……孩子们听得认真，学得开心，习得了很多实用的生活知识和劳动技能。

图2-3-6　实验课

图2-3-7　花卉课

2. 社团拓展课程

学校开设的社团拓展课程中有一类别是"生活乐园"课程，旨在教授孩子们生活知识，培养劳动技能。如学校开设的"木工坊"，让孩子们走进其中，仿佛置身于另一方天地，在一割一锯、一钻一凿之间，提升知识技能，锻炼动手能力，深入感悟并传承"工匠精神"；在"魔法烘焙社"中，孩子们在老师的指导下，认识烘焙食物的材料，学习烘焙技能（如图2-3-8、图2-3-9所示）；走进"布衣生活坊"，孩子们通过收集布料、边角料等生活用品，动手动脑，完成布艺作品，并用来动手装饰班级以及自己的家；还有"茶艺乐园"，老师带领孩子们识茶、选茶、泡茶、品茶，学习茶艺知识……孩子们通过学习这些生活课程，掌握了一些生活能力和社会能力，为更好地应对未来的发展积累经验。

图2-3-8　"烘焙社团"生活乐园

图2-3-9　"烘焙社团"学生制作

（三）主题型：探索生活实践

学校举办各类主题的校园活动，为孩子们创设生活实践的空间，孩子们积极参与，增强了社会实践的意识和能力。

1."潮市场"

在每年庆祝六一的活动中，"潮市场"（如图2-3-10所示）是一道亮丽的风景线，潮娃们当起了"掌柜"。为了促进销售，孩子们使出了浑身解数，卖力吆喝。有的班级从精美的海报入手，给出了"多买多送、送打折卡"的实惠；有的班级想出了摸奖、套圈、射靶的创新点子，现场热闹得就像新年庙会。在活动中，孩子们不仅学会了合作，还培养了购买、理财、沟通交流能力，更是赤诚无私地将活动的盈利献给了需要帮助的人，传承与发扬了助人为乐的精神，收获了满满的快乐。

图2-3-10 "潮市场"

2. 小农场

人人都是"农场主"，人人都有"劳作场"，一块农地就是一个小项目，师生共同商量种植物，围绕种植物开展项目式学习，使提问、研究、发现、思考的种子在"小农场"里生根发芽、苗壮成长。在这里，学生不仅辨果蔬、识农事、学农活，更锻炼了观察能力、思考能力和实践能力（如图2-3-11、图2-3-12所示）。他们体验着劳作的艰辛，感受着收获的喜悦，在劳动中学会学习，学会创造，学会合作，学会健康生活，学会分享喜悦，形成阳光、自主、独立的个性品质。

图2-3-11　小农场种植物

图2-3-12　小农场日常浇灌

二、开放式的家庭空间共建

家庭是孩子劳动教育的第一课堂，家庭生活环境对于孩子来说是最好的教育资源。学校以"小当家"课程群为载体，让家庭成为孩子劳动教育的"训练地"，让家庭劳动计划成为常态，让常态成为习惯，让孩子们在生活和劳动教育中逐步提高实践能力、社会责任和创新精神等综合素养。

（一）厨房角

"厨房角"是家庭实践劳动的重要场所。学校开展"亲子厨房"项目式活动，充分利用市场这个大实践基地，让孩子们在家长的带领下走进市场，用心挑选心仪的食材。他们自信大方地与摊主交流，问价、付钱、找零，通过有趣的购买实践活动直接接触社会。买回食材后，厨房成了一个亲子互动空间，家长和孩子在此一起享受劳动的快乐。学生在厨房劳作中学习如何保持厨房的安全和卫生，认识各种厨具和食材，了解膳食营养与健康方面的知识。"亲子厨房"将劳动教育与学科知识融合起来，使学生通过已有知识在劳动实践中有效地解决探究的问题，将学科学习与生活实际通过劳动紧密相连，学生在亲历劳动的过程中，实现知行合一，提升了综合素养，并培养了劳动习惯。

（二）财务角

"财务角"旨在让"小管家"们参与家庭财务管理的实践活动。学校结合"双减"工作，设置"家庭理财师"课程，开展"幸福小管家"项目式学习活动，将基础性作业与实践性作业相融合。孩子负责物品采购和家庭日常支出，并认真参与记账，把每一天的家庭支出按照衣、食、住、行、其他五个方面分门别类地记录下来，并在月底统计。通过这项活动，学生详细了解了家庭的收支情况，参与到家庭财务管理中来。学校还会对各年级各班的"幸福小管家"作业进行展示评比，并评选出"明星小管家"，以此培养学生积极向上的生活态度和良好习惯。这样做既锻炼了学生的实践能力，又培养了学生的独立生活能力。

（三）家务角

"家务角"是提高劳动技能的主要渠道。我校在探索劳动教育过程中积极进行家校合作，开展"我是家庭整理师"课程，多维度地设计劳动清单。学生依据家务劳动细则的要求，在家里的各个劳动岗位上进行劳动实践。如：一、二年级学生学习整理书包、整理玩具、整理书桌、清洗自己的小衣物；三、四年级学生学习整理床铺、整理衣柜、刷洗鞋子、钉纽扣；五、六年级学生学习整理房间、分类清洗、熨烫衣服、清理厨房、整理卫生间。以劳动课程为载体，家长把劳动的机会还给孩子，渐进式地放手，无条件地支持。在家务劳动的锻炼实践中，孩子们不仅掌握了生活技能，养成了劳动习惯，还培养了家庭责任感，获得了自信心和成就感。

三、多样态的社会空间共享

学校致力于构建同心同向、全方位、立体化的家校社教育模式，以"小公民"课程为载体，整合街道、社区、大学、场馆、企业、实践基地等各种资源，积极开展培训参观、劳动体验、技能培训、职业体验等各类实践，以真实的社会生活情境提高学生各方面的能力。

（一）社校联动，志愿服务常态化

社校联动机制可以为学生提供丰富的志愿服务项目和实践机会，孩子们可以在社区这个社会空间内进行实践活动，有利于培养学生认真负责、吃苦耐劳的劳动品质和奉献精神，进而增强其社会责任感和公德意识。

1. 社区服务岗

学校"潮小队"活动与区"红袖章family"志愿活动有效结合，依据学生居住的地区分组组成"家庭联盟小队"，每队选出一位小队长负责管理队员的活动，在社区活动时，由小队长组织队员积极开展洁美家园、文明劝导、绿色环保、五水共治、垃圾分类、扶弱助残、平安巡防等精彩纷呈的主题志愿服务活动（如图2-3-13、图2-3-14所示）。如去杭州市残疾人托管中心送温暖，到老人康复医院去看望老人，开展"垃圾分类，争当环保小卫士"活动等。通过社区志愿服务，孩子们感知社会、了解社会，培养了探究实践能力，提高了小公民的主人翁意识和责任感。

图2-3-13　社区服务岗之称重

图2-3-14　社区服务岗之搬运

2. 小警服务站

学校联合街道平安科、交警大队、公安，以及消防相关部门，组织学校学生成立交警小分队、特警小分队、消防小分队，共计90人。队员们风雨无阻地接受专业培训，开展队列训练，学习交通安全知识、交通指挥手势、火灾逃生知识。训练合格后，队员们成立了"小警服务站"，积极参与志愿活动，上街协助交警值勤与宣传，参观交警、武警、巡特警中队，体验民警工作与生活，参观辖区交通安全模拟实践基地，参与体验活动，参加文明交通劝导活动，进行急救知识和技能培训等。队员们通过在"小警服务站"的实践锻炼，学习了行业知识，磨炼了意志品格，加强了社会责任感。

（二）基校相通，生产生活一体化

以劳树德、以劳增智，为了增进学生对家乡历史文化和特色工业的了解与认识，培养学生的劳动精神，锻炼学生的劳动技能，学校连通基地给孩子们创设了职业体验和劳动实践的机会，锤炼其意志品格，培养其生存能力。

1. 学军研学基地

学校和基地连通，为学生的社会实践开辟了丰富的场所。学校组织孩子们去杭州清圆实践教育营地，开展学军研学实践活动（如图2-3-15、图2-3-16所示）。队员们学会了"整理内务"，热火朝天地铺床褥、叠被子，一双双巧手变出一个个"豆腐块"；队员们进行了"队列训练"，步伐整齐划一，口号震耳欲聋，神情全神贯注；队员们学习了"生存救援"，掌握了三角巾包扎技术、心肺复苏技术等安全救护的动作要领。通过学军研学实践活动，孩子们提高了生活自理能力，磨炼了吃苦耐劳、坚忍不拔的意志品质，展现了自律自强的精神面貌。

图2-3-15　学军研学基地之陶泥体验

图2-3-16　学军研学基地之国防教育

2. 学工学农基地

为了让孩子们感受"自己动手，丰衣足食"的乐趣，进一步提高学生综合素质，丰富学生的课余生活，学校以萧山的红博苑国防教育基地为实践基地，开展学工学农活动。学生体验了石磨磨豆浆、锄地、锯木头、推独轮车、参观现代设施农业、扎稻草人、做树叶贴画七项活动（如图2-3-17、图2-3-18所示）。学工学农活动使学生知农时、识农耕，不仅开拓了学生们的眼界，提高了学生的综合素养，更重要的是培养了学生的劳动观念，增进了他们对于普通劳动者的认同和尊重。

图2-3-17　学工学农基地之拉锯体验　　图2-3-18　学工学农基地之磨具体验

（三）校社联合，劳动实践集成化

学校探索劳动教育新路径，校社共同打造劳动课，组织学生进行劳动实践，亲身体验，动手操作，以自己的劳动服务他人、贡献社会，培养社会责任感。

1. 场馆志愿服务

孩子们走进场馆，积极参与社会实践活动。学生来到博物馆，在专业讲解员的带领和培训下，担任场馆助理讲解员。实践期间，孩子们体验了讲解员工作的辛苦，不仅拓展了自己的知识面，同时也锻炼了胆量，提升了自信心，掌握了与人沟通交流的技巧，积累了一定的社会生活经验。学生走进图书馆，担任图书管理员，给书本换贴标签、整理归架、定位敲章，忙得不亦乐乎。在特别的体验中，小图书管理员们的动手能力、思考能力、沟通能力及管理能力都得到了锻炼，加强了他们保护图书、爱惜图书的使命感，进而使其养成良好的阅读习惯。

2. 企业职业实践

学生走进工厂、企业、单位进行劳动体验，用眼睛去发现，用双手去感知，用心去服务。学生走进银行营业部参与社会实践活动，在大堂经理的带领下，熟悉了如何取号、叫号、办理业务及使用ATM机。学生穿上红马甲担任志愿者，引导及帮助人们更快地办理业务。通过职业体验活动，学生对银行的岗位功能职责、工作流程有了更多的认识和了解，体会到了银行工作人员严谨细致的工作态度。学生来到学校授牌的烘焙馆进行服务实践，成为烹饪师傅的小帮手，帮助师傅加料、裱花、摆盘。学生在劳动实践的过程中不断探索，获得劳动体验，习得劳动本领，创造劳动价值，享受劳动成果，以实际行动争做新时代劳动小能手。

第四节　生活驿馆的实践探索

一、"小农夫"课程群：智慧农场主

苏霍姆林斯基说："人的内心里有一种根深蒂固的需要——总想感到自己是发现者、研究者、探寻者。在儿童的精神世界中，这种需求特别强烈。""小农夫"课程群为孩子们创造发现与探究的空间，让孩子们沐浴在阳光下，和自然做朋友，感知万物的生长，体验播种、浇灌、除草和收获的乐趣，在自然中劳作、探秘。

"小农夫"劳动教育课程群以"小农场"为主要学习空间，将劳动教育与学科教育相结合，以STEM项目化学习方式将国家课程与劳动教育相融合，根据作物的生长规律，围绕"春种""夏长""秋收""冬藏"四个主题开展项目活动（见表2-4-1）。

表2-4-1　项目内容和特点

项目名称	项目内容	项目特点	主要目标指向
春种	1. "选种"项目：选种来源、选种依据、选种认知。 2. "种植"项目：选择种植工具，确定种植方式、优化种植条件、明确种植步骤	探究性 科学性 操作性 顺序性	丰富选种、种植的劳动知识
夏长	"培育"项目：浇水、除草、筛苗、除虫、施肥	偶发性 循环性	锻炼培育方面的劳动技能
秋收	"收获"项目：采摘、分享、展卖	社会性 主题性	感受丰收的喜悦，懂得劳作的不易
冬藏	"收藏"项目：贮藏、晾晒、制作、腌制	探究性 科学性	丰富劳动知识，提高实践能力

（一）"春种"项目：引发兴趣·引导探究·实地操作

"春种"是整个种植活动的开端环节，具体实施路径如下。

1. 引发兴趣

学生种植兴趣，可以是教师结合当下的活动主题或者学生的兴趣点引起的，也可以是学生通过观察或与伙伴交流后自主激发的。

春天来了，学生在种植地附近散步，几个孩子自发地交流着自己想要种植的植物：有的想种西瓜，有的想种番薯，有的想种向日葵。可是小小的菜园怎么能够种下这么多果蔬呢？这可令同学们犯难了。

老师带着大家考察了周围班级的种植情况，发现有的班级种玉米，有的班级种了花生，还有的班级种了青菜。这时，学生小杰提出了想法："那我们能不能多种几种植物呢？"这一问题引发了集体大讨论。

2. 引导探究

当学生产生兴趣时，教师要通过各种方式引导学生深入探究，帮助学生梳理劳动知识，以此让学生参与其中，进而拓宽思维（如图2-4-1所示）。

学生通过搜索资料、询问有经验的家长等方式，了解到"套种"技术可以满足他们种植多种农作物的需求。接下来，他们又围绕着"选种"开展讨论，并根据自己感兴趣的种植物分成了若干个小组，每天利用午谈课时间进行集体分享。在你来我往的分享中，学生发现，虽然土地种植面积有限，但是可以利用空间面积，最后确定种植番薯、西瓜、向日葵三种植物。

为了进一步帮助学生了解不同种子的播种季节、发芽周期等知识及套种技术，老师邀请了班级里有经验的农场顾问——陈爸爸，来学校为学生上了一节"潮爸潮妈"课程。在农场顾问的指导下，学生又提出了许多新问题：怎样进行套种？怎样的播种方式可以让不同植物既能吸收充足的营养，又不影响各自的生长？套种的利与弊分别是什么？

图2-4-1 "春种"项目

3. 实地操作

将之前的经验与知识运用到实地操作中去，通过多感官感知经验与知识的运用过程。从选择种植工具、确定种植方式、优化种植条件、明确种植步骤等环节入手。

通过为期一周的讨论，正式成立了西瓜组、番薯组、向日葵组，学生也开启了新身份——"小农夫"。各组又进行组内人员分工：育苗小队、播种小队等。他们在查询天气、测量土质情况、明确种植步骤后开展了种植活动。教师在实践活动中观察学生在种植过程中的种植方式是否正确，是否与之前的经验进行了链接，并适时给予一定的指导与帮助。

（二）"夏长"项目：项目讨论·方法梳理·实践操作

本项目主要围绕浇水、除草、筛苗、除虫、施肥几个环节进行项目讨论、方法梳理和实践操作。

1. 项目讨论

教师围绕种植过程中出现的问题，引导学生展开讨论，唤醒已有经验，这是一个提出问题、解决问题的过程。

学生在种植过程中发现，每天都给农作物浇水，但是它们却垂着脑袋，奄奄一息。于是班级开展大讨论，同学们纷纷提出疑问：浇水的水量不够？浇水的时间不对？杂草吸收养分？菜地里有害虫吗？

2. 方法梳理

通过实地考察、查阅资料、询问有经验的专家等方式，帮助学生梳理种植方法，发散思维，进而提高学习力、思维力、调查研究力等。

同学们针对这几点设想，通过为期三天的实地观察、查阅资料，以及请教有经验的种植专家，最终发现是因为浇水的时间不对，同学们在中午阳光最猛烈的时候浇水，由于气温较高，植物吸水能力赶不上蒸腾失水的速度，导致植物出现萎蔫的情况。于是他们制订了最佳浇水时间表，并重新进行了分工。

3. 实践操作

学生通过多种学习方式，了解播种、除草、施肥等基本知识，知道节气对植物生长的影响；在老师和农场顾问的指导下，开展种植活动，亲身体验播种、除草、施肥、采摘的过程，将理论与实践相结合，并探索家庭植物角的种植方法；探究植物从播种到开花、结果、采摘的全过程，了解植物生长特点，知道植物种植与环境、生态循环之间的奥秘，培养生态意识。学生的劳动意识在一节节课程中得到增强，劳动技能也在一次次实践中得到提高。

接下来，就以"种番薯"为例，介绍一下本项目的一些活动内容（如图2-4-2所示）。

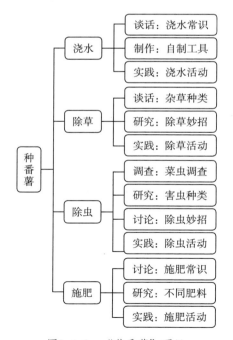

图2-4-2 "种番薯"项目

每个小组都制订了劳动分工表，每个学生都有自己的劳动任务，如种植、除草、除虫、施肥、收获等，学生根据一日劳作时间表（见表2-4-2）进行农作物的培育、观察。

表2-4-2　一日劳作时间表

时间	活动内容	工具	备注
7：30—8：00	打扫农场、准备工具、观察农作物	扫把、畚斗、火钳、成长记录册	
8：00—9：00	浇水、施肥、除草	水壶、除草锄、施肥器	根据作物需求和天气情况进行浇水、施肥和除草
12：00—13：00	午休、观察农作物	成长记录册	
15：00—16：00	浇水、施肥、除草	水壶、除草锄、施肥器	根据作物需求和天气情况进行浇水、施肥和除草
16：00—17：00	管理农场、整理工具、观察农作物	扫把、畚斗、火钳、成长记录册	

科学探究是课程实施的基础。学生们走出教室，走进大自然，在小农场中参与耕地、种植、除草、除虫、施肥、嫁接、收获成果等特色课程学习活动。学生在老师的引领下认识各种蔬菜，了解它们的种植方式和生长习性，发现植物生长受光照、水、气温等自然因素的影响，将相同两块试验田进行对比分析，揭开影响农作物产量的奥秘。

（三）"秋收"与"冬藏"项目：整合学科·多元成果·以评促优

包括采摘、制作、分享、展卖、贮藏几个环节。

1. 整合学科

不同学科视角的活动设计以有趣新颖的方式唤醒了学生的热情，能够充分挖掘学生的潜力。学校注重劳动教育的综合性、实践性等特点，将劳动教育与语文、数学、科学、信息等多门学科相互渗透和融合，打破了学科的边界。"秋收"项目实施（如图2-4-3、图2-4-4所示）整合了该项目所涵盖的知识和技能，有效提升了该项目的知识含量和技术含量。

当作物丰收时，语文老师结合单元作文"丰收日记"，指导孩子以拍照、绘图、文字的形式对丰收活动进行记录，让其经过一段时间的观察和学习后尝试写丰收日记；数学老师为了加深学生对统计图相关知识的理解，提高其综合应用数学知识解决实际问题的能力，带领孩子记录作物的丰收数据，并制作统计图。

图2-4-3 "秋收"项目实施场景　　图2-4-4 "秋收"项目之向日葵

2. 多元成果

多学科的融合带来多元成果，不仅提升了活动的趣味性，提高了学生的综合素养，还有效发挥了劳动教育的育人价值。

经过两个月的努力，番薯的叶子已经密密麻麻地铺满了农田，地面上还长出了两个拳头大小的西瓜，向日葵也傲然开放。同学们面对收获的果实，都露出了欣喜的笑脸。大家纷纷表示要炒瓜子、做番薯干、榨西瓜汁、做西瓜果冻等。为了让学生的想法得以实现，科学老师带领着学生对向日葵进行结构观察，为其讲解炒瓜子、制作番薯干的原理；美术老师指导学生用瓜子作画、制作各种装饰品等；班主任老师还邀请了有丰富美食制作经验的家长进校讲了一堂美食制作课，学生在学习了制作方法后，将收获的果实进行加工、创作，并参加了学校每月一次的"潮市场"，进行商品售卖，产品一经推出，立马售罄。这一次难忘的体验极大地激发了学生兴趣。

与此同时，学生完成了套种技术研究报告，并通过搜索资料，设计出了属于自己的农耕工具，在学校农展馆进行展出。

3. 以评促优

"小农场"劳动教育课程以学生的全面发展为本，将评价结果作为学生综合素质评价的重要参考，切实发挥评价的导向和激励作用。评价由"基础学分""绩点学分"和"奖励学分"三部分组成。

"基础学分"由老师、小组成员、家长从劳动态度、劳动实践参与、劳动知识掌握、劳动技能掌握等角度对参与劳动的学生进行评价，最高5分。

"绩点学分"由老师、小组成员从劳动创新、劳动成果展示与整理、劳动技能几个方面对参与劳动的学生进行评价，最高5分。其中入围"小农场项目式成果汇报"八强的班级和荣获"劳动美丽班级"称号的班级学生额外获得"绩点学分"1分。

"奖励学分"以劳动成果获奖、劳动实践重大突破为主。荣获"四大创新项目"奖的每位"小农夫"都获得了"奖励学分"1分，汇报代表获得1.5分。

学校基于"小农场"种植情况、日常维护、产量和销售额等指标，定期评选"劳动美丽班级"。根据学生的学分，结合过程性评价，采取自评、同伴评、家长评和老师评的方式进行整体评价，最后颁发"劳动之星"奖章。

每学期期末，学校都会举行"小农场项目"成果汇报活动，每个班级都需要上交一份"小农场项目书"，由学校劳动教师、年级组长、校外农场顾问组建的评审团进行评选，择优推选出八个班级进行现场汇报。

403班的套种技术突破重围，成功入围八强，"小农夫"的精彩汇报获得了在场所有师生的点赞，以最高选票荣获"四大创新项目"奖，每位参与的"小农夫"都获得了"奖励学分"1分。在期末的"劳动美丽班级"评选中，403班凭借超高产量和"潮市场"营业额第一名的成绩荣获"劳动美丽班级"荣誉称号，班级里的每位"小农夫"获得"奖励学分"1分，提出"套种"设想的小杰作为班级代表进行汇报，获得"奖励学分"1.5分。小杰因积极参与劳动实践获得了老师、同学、家长的超高评分，被评为"劳动之星"。

二、"小当家"课程群：当家小能手

我校开发了"小当家"课程群，通过"美食制作""理财谋划""家务整理"三大课程内容的开发和实施，将劳动教育与学科教育相结合，让学生在劳动中收获成长，感受快乐，树立正确的劳动意识，养成良好的劳动品质。

（一）"美食制作"项目：主题教育·家庭实践·评价激励

1. 主题教育

主题教育环节对于项目学习至关重要，主要以解决实际问题为导向。主题的内容比较广泛，一般从德智体美劳等主题中选取，强调对学生综合素养的培养。如下所述"美食制作"项目，就指向学生劳动素养的提升。

学校每周五班会课开展劳动课程，如本月是"我是家庭烹饪师"课程。五年级这次开展的活动是"学做一道菜"，老师给学生演示了糖醋排骨的制作过程，学生看得津津有味，迫不及待地想要试一试。

2. 家庭实践

家庭实践注重家长对项目的理解和参与，是对学校项目的延伸和补充，也是进一步夯实主题教育成果的关键一环。同时，家长的参与能够大大拓宽项目学习的场域，给项目学习注入能量，提升项目学习的成效。如下所述，轩轩在家里的美食制作实践就很好地诠释了家庭实践的优势。

如图2-4-5所示，轩轩一放学就和爸爸妈妈一起走进菜场，选购自己需要的食材，回家后立刻向奶奶讨教东坡肉的制作步骤和烹饪时需要注意的事项。在奶奶的指导下，轩轩先清洗猪肉，把肉切成方方正正的小块，将所需要的调味料和食材按照翻炒顺序摆放在一侧。接着把肉放在锅中煎五分钟，煎得金黄后再将肉皮朝下整齐地摆在锅里，淋上生抽、老抽、花雕、糖浆、茶水，加盖密封，煮开后去除浮沫。然后转小火炖煮两个小时，其间需要将肉块翻转两次，直到肉块可以用筷子轻松插透，大火收汁，将肉块捞出，浇上汤汁，一盆香喷喷的东坡肉就出炉了！轩轩烧的东坡肉肉质软嫩，香甜扑鼻，让人回味无穷，得到了全家人的一致好评。轩轩穿着围裙与自己的美食作品合影，还主动跟妈妈说以后每周都要学做一道美食。

图2-4-5 我是家庭烹饪师

3. 评价激励

相较于上述两个环节，评价激励注重对已有项目学习的总结、巩固、评价、反思，在此基础上，激发学生项目式学习的热情。因此，应当以正面评价为主。

学校回收"家庭劳动"实践任务单，根据劳动时长和完成质量，评选本周的"当家之星——优秀家庭烹饪师"，轩轩也在这次的表彰名单中。教师给获奖的孩子颁发奖状，并奖励劳动币，还在班级公众号宣传"优秀家庭烹饪师"的事迹，以此鼓舞其他同学。

（二）"理财谋划"项目：家长课堂·学校银行·家庭实践

1. 家长课堂

家长课堂是为家长提供的一个教育平台，这种让家长走进校园，走进课堂的教育形式，不仅能够帮助家长了解孩子的真实需求和兴趣，而且为更好地实现家校共育和促进学生全面发展提供了支持。如下所述，小贾在理财学习过程中收获满满，很好地展示了家长课堂的积极作用。

如图2-4-6所示，"潮爸潮妈"课是深受学生们喜爱的课程。这次，406班邀请到了在银行工作的薇晨爸爸来讲课。小贾同学特别开心，因为他一直想学习理财知识，希望能合理管理自己的零用钱。薇晨爸爸在课上介绍了货币和理财小知识，小贾听得特别认真，懂得了要养成节俭的习惯，要有计划地消费，要养成购物记账的习惯。

图2-4-6　家长课堂

2. 学校银行

学校银行作为上述理财项目学习的延伸和拓展，不仅是加深学生对该项目的理解的活动方式之一，同时也促进学生将外在兴趣转化为内在动机，还帮助学生养成良好的行为习惯，树立正确的金钱观。如下所述，小贾为实现自己的"成长银行"目标，积极参与活动的行为，就证明了该实践的成功。

从知识中来，到实践中去。学校以"好习惯教育"为主要内容，成立"成长银行"，小贾明确储蓄目标并付出努力。他认真学习，积极参加学校活动，用自己良好的行为表现争取"东东币"，并在线上商城换取自己心仪的礼品（如图2-4-7所示）。在"学校银行"活动中，小贾建立了财务分配和储蓄意识，在趣味兑换活动中更好地区分需求和欲望，体会到节约与储蓄的意义，养成了合理规划使用零用钱的好习惯。

图2-4-7　商城礼物兑换

3. 家庭实践

家庭实践作为该项目的最后一步，是对上述两个项目的深化，它将家庭、学校和社会联系在一起，做到寓评价于实践之中。它指向学生的主动性和创造性，有利于满足学生的兴趣和需要，促进其自我实现。如下所述，小贾及其父母的行为，体现了家长课堂的作用，其家长也对孩子的学习做出了积极评价，真正做到家校协同育人。

今年暑假，学校开展了"幸福小管家"项目式活动。小贾和爸爸妈妈商量后，家里一致决定把买菜的任务交给小贾。妈妈将一周的菜钱交给小贾。小贾先进行了预算，估算了每天的菜钱是多少，每天认真搭配食谱，争取花最少的钱买到营养最丰富、花样最多的菜，并把每天的买菜开支记录下来。一周后，爸爸妈妈惊奇地发现，在小贾当家期间，全家人吃得好，而且菜钱还有盈余。于是家人们决定以后就由小贾来管理家庭饮食的支出。受到大家的称赞，小贾更有动力了。

（三）"家务整理"项目：主题教育·家庭实践·评价激励

1. 主题教育

主题教育是指以某个主题为方向，开展和组织相应的课外实践活动，其注重培养学生的沟通、合作、实践、创造等综合素养。如下所述的叠被子项目，指向了学生劳动素养的提升。

学校每周五班会课开展劳动课程，如本月开展的是"我是家庭整理师"课程。三年级这次开展的活动是"整理床铺叠被子"。老师现场演示，学生练习，最后还进行了激烈的叠被子PK赛，现场气氛热烈。学生通过这次活动，熟练地掌握了整理床铺和叠被子的技能。

2. 家庭实践

家庭实践作为项目学习的延伸活动，强调家长的支持、参与和指导，是深化主题教育的重要手段。家长的参与能够使项目学习融于生活，增强项目的学习作用。如下所述，田田积极地进行家务整理，提高了自身的劳动技能和责任意识。

如图2-4-8所示，周末，田田作为当家人，主动挑起重担，公布了本周的"劳动清单",田田小朋友自主认领整理床铺、叠被子的任务。爸爸妈妈和爷爷奶奶积极配合,全家总动员开始大扫除,有人扫地,有人拖地,有人擦洗厨房……田田先将被子叠成豆腐块状放在床头,把枕头放在被子上,然后把床上的衣服放进洗衣机清洗,再将床上的玩具放回玩具屋,又认真地把床单铺平,没有一丝褶皱。家长看了,直夸田田的床铺整洁。经过大半天的劳动,看着一尘不染的房间,大家都为当家人田田点赞!这大大激发了田田的劳动热情。

图2-4-8　我是家庭整理师

3. 评价激励

每周学校回收"家庭劳动"实践任务单,根据任务单上记录的劳动时长和完成质量,评选本周的"当家之星——优秀家庭整理师",鼓励学生自觉参与、自己动手、坚持不懈地进行劳动,自主制订每周家务整理计划,掌握洗衣、做饭、整理等必要的家务劳动技能,以劳动促进学生的发展。

三、"小公民"课程群:少年警校

"小公民"课程群不仅可以帮助学生了解社会服务,增强学生的社会责任感与公德意识,而且能使学生明确感受到自己的劳动所带来的成果和成长,形成热爱劳动、尊重劳动的意识,养成良好的劳动习惯。

下面以"少年警校"为例，阐述"小公民"课程群的实践探索。

（一）内容选择

"少年警校"的成立缘于学生的一个少代会提案。学校自2018年第一届少代会开始，便鼓励学生自主自治，以小主人的姿态参与校园生活的方方面面，观察校园生活的热点和痛点，提出问题，寻求对策，思考治理校园问题的良策。

问题导向，激发兴趣

三（6）中队的队员们经过调查发现，每天上学时，校门口的交通都非常拥堵，主要有高峰时段拥堵、违规占道现象严重、不遵守交通规则等问题。队员们通过分析发现，虽然有车辆增长、道路不能满足需要等问题，但更大的问题是道路交通管理力度不够，宣传教育不够，以及家长的交通安全意识不强。

因此，三（6）中队的队员们走访了交通警察，又查阅了相关资料，萌发了组建"少年警校"的想法。他们希望组建一支由学校和交通警察"大手牵小手"一起联合执勤的小交警队伍，取名为"少年警校"。为此，他们积极撰写计划书和申请表，并在2021年10月13日，在杭州师范大学东城第二小学第五届少代会上发出提议（如图2-4-9、图2-4-10所示）。

图2-4-9　"少年警校"提议现场

图2-4-10　"少年警校"提案

学生随着知识和生活经验的积累，社会参与意识的提高，他们对社会、家庭、学校各领域的问题越来越关注。学校提供了少代会这一交流平台，引导学生关注社会、学校、家庭、社区，从中发现问题，产生疑问。通过这些问题，引导学生去思考、探究、解决，树立"创造美好生活"的价值观，增强社会责任感。

（二）课程组织

"少年警校"提案一经提出，立刻得到了学校的充分重视。2021年12月2日，经多方联动，学校联合街道平安科、交警大队，以及公安、消防相关部门，在提案答复会上决议组建"少年警校"。

多位协同，共促发展

2022年4月6日，"少年警校"启动大会正式召开，知名公益组织"蓝天救援队"受邀对"小警员们"开展专业培训（如图2-4-11、表2-4-3所示）。

大会还宣布成立三支分队——五年级队员组成的交警小分队，四年级队员组成的特警小分队，以及三年级队员组成的消防小分队。第一批学员共计90人。

图2-4-11 "少年警校"筹备会

表2-4-3 "少年警校"课程目标

课程 目标	为继续构建交通民警、公安民警、消防战士和学校的交通、消防等安全宣传平台，为学生普及交通行为规范、交通安全基本常识、防范诈骗宣传、防火安全等教育，引导学校开展一系列交通、消防等安全宣传活动，提高学生的交通、消防等安全知识水平和自身防范能力，实现"教育一个孩子、带动一个校园、影响一个家庭、辐射整个社会"的大安全宣传效果

续　表

具体目标	学习与训练方面目标	开展交通安全知识学习，落实基本队列训练，学会基本的交通指挥手势和基本的火灾逃生知识等，增强学生自救自护意识
	实践能力方面目标	开展"大手牵小手"活动，上街协助交警值勤与宣传，参观交警、武警、巡特警中队，体验民警工作与生活，参观辖区交通安全模拟实践基地，参与体验活动，参加文明交通劝导活动（不文明交通行为抓拍活动），学习急救知识，加强技能培训等，进一步提高学生的自救、自护技能水平

（三）课程实施

在街道、学校和社会组织的多方协作下，教官和学校多次协商，根据学生年龄特点和已有技能水平，制订了详细的训练计划和训练内容（见表2-4-4），有效保障"少年警校"常态化开展训练和学习。

表2-4-4　"少年警校"课程内容

实施内容	了解一些规则，比如交通法规、治安防范、消防安全等。小学中、高年级的学生，已经有小大人的意识，通过开展"少年警校"学习训练，让他们了解一些社会生活的基本规则，为成为一个"全人"奠定基础
	参与社会管理，发挥自身价值，树立自信心。了解社会生活的不同领域，以一个"执法者"的身份参与交通、治安、消防等方面的管理
	通过社会角色体验，穿上交警、民警或消防战士的制服，感受真实的社会生活，真正体验交警、民警或消防战士的工作
	在学生参与的同时，带动身边的家长、行人参与社会治理工作，还可以开展亲子活动，宣传辐射带动更多人

定时定点　常态训练

每周五，队员们风雨无阻，接受来自蓝天救援队的专业培训，学习交通安全知识、交通指挥手势、火灾逃生知识，并开展队列训练（如图2-4-12、图2-4-13、表2-4-5所示）。通过开展"大手牵小手"的活动，进一步提高学生的自救、自护技能水平。东城二小"少年警校"的常态化开展，提升了少先队员的综合素质，磨砺了少年"警员"的意志品格。

图2-4-12　课程教学场景

图2-4-13　实训场景

表2-4-5　东城二小"少年警校"活动安排

活动主题	活动内容（时间、地点、事项、参与人数等）	管理教师	具体要求	备注
军事化训练	2022年4月22日（周五）15：00—16：00，东城二小室外篮球场（雨天，教学楼一楼西侧连廊安排小交警，二楼安排小特警，三楼安排小消防员），约90人参加	☆王龙 周峰 许韵紫	1. 将学生分成三支队伍，各安排一名教官；2. 需撰写微信报道；3. 书面通知小警员的家长，落实放学时间	第一次
	2022年5月6日（周五）15：00—16：00（地点及人数同上）	☆周峰 王龙 许韵紫	同第一次	第二次
分军种手势等训练	2022年5月13日（周五）15：00—16：00（地点及人数同上）	☆许韵紫 周峰 王龙	同第一次	第三次

活动主题	活动内容（时间、地点、事项、参与人数等）	管理教师	具体要求	备注
参观交通安全实践基地	2022年5月20日（周五）15：00—16：30，杭州高速交警六中队，约90人	邵利民 张建	1. 需包车； 2. 需撰写微信报道； 3. 书面通知小警员的家长，落实放学时间	第四次
军种手势等训练	2022年5月27日（周五）15：00—16：00（地点及人数同第一次）	☆王龙 周峰 许韵紫	同第一次	第五次
急救知识等安全宣教	2022年6月3日（周五）15：00—16：00，东二报告厅或现场协调地点，约90人参加	☆张建 周峰	1. 报告厅上大课； 2. 需撰写微信报道； 3. 书面通知小警员的家长，落实放学时间	第六次
军种手势等训练	2022年6月10日（周五）15：00—16：00（地点及人数同第一次）	☆许韵紫 周峰 王龙	同第六次	第七次
防溺水宣教	2022年6月17日（周五）15：00—16：00，东二报告厅或现场协调，约90人参加	☆张建 周峰	同第六次	第八次
体验民警生活	2022年6月底，考试结束后，上城区公安分局蓝剑突击队	邵利民 张建	同第四次	第九次
“大手拉小手”交通劝导实践活动	2022年7月初，考试结束后，九堡范围	☆周峰 王龙	1. 需撰写微信报道； 2. 书面通知小警员家长，落实放学时间（没有参加实践活动的学生需与家长对接好放学时间）	第十次

  “小公民”课程的活动范围不再仅仅局限于家庭和学校，而是扩展到社区、街道等，为学生提供更多的实践平台，更丰富的实践体验，使每个孩子真实地参与社会生活，也使每个学生都能各展所长。学校联合街道平安科、交警大队，以及公安、消防相关部门开展“少年警校”服务性活动，带领学

生参加文明交通劝导活动，让学生成为城市宣传小标兵，实现"教育一个孩子、带动一个校园、影响一个家庭、辐射整个社会"的大安全宣传效果，进而提升全民整体素质。

（四）课程评价

学校采取"小公民"志愿者晋级评价体系，即"星级志愿，晋级评价"。具体评价方式为"星级志愿者"和"志愿银行"。

1. 星级志愿者

学校举行统一的启动仪式，宣读"志愿者服务誓词"后，每位学生领取一张"志愿者服务卡"。当学生参与各种校内外服务劳动后，便可将每次参与活动的相关情况记录在卡上，并由同学、教师或家长进行简单评价及签名。期末进行汇总登记，根据学生参与志愿服务的时长进行星级志愿者评定，由学校举行隆重的表彰仪式，进行统一表彰（见表2-4-6）。

表2-4-6　志愿者晋级表

荣誉称号	志愿时长
一星志愿者	1小时
二星志愿者	10小时
三星志愿者	15小时
四星志愿者	25小时
五星志愿者	35小时

2. 志愿银行

学生们可以将志愿时间存储，储值额每满10小时兑换一张"东东币"，可以在线上商城兑换自己心仪的礼物。

学校建立"小公民"志愿者晋级评价制度，旨在提升学生参与积极性。学生们自主开展校园及社区的公益服务活动，感受劳动服务的乐趣，在活动中发现自己的优缺点，进而促进自身的成长和提升。教师、家长、同学对志愿者学生的表现进行评价和指导，以此提高志愿服务的质量。学生在活动中感受到组织对他们的重视和认可，增强了他们的归属感、荣誉感和社会责任感。完善的荣誉机制，可以为学生成长和发展提供更多的机会和动力。

第三章

学习驿馆：

指向"三创"教育的实践育人图景

学习驿馆是指向以"问题解决"培养学生的学习力和自主力为目标的实践育人环境。以"学科实践+成果创造"连通校内外，建设学习驿馆。通过关联生活、问题和自然，学校创设了学科实验室、问题树洞和爬山虎研究院等学习空间。以"具身学习，实践创新"的理念建设育人体系，指向"创见活力""创造能力""创新精神"的"三创"实践育人，让学生在做中学、创中思、做中思，从而发展其学习力和自主力，让每一个孩子像科学家那样思考。

第一节　学习驿馆的理论阐释

当今时代，人工智能、大数据、量子计算等科技的崛起，正逐渐改变着我们的生活方式。习近平总书记指出，十年树木，百年树人。要把教育摆在更加重要的位置，全面提高教育质量，注重培养学生创新意识和创新能力。《义务教育课程方案（2022年版）》明确提出，加强课程内容与学生经验、社会生活的联系，强化学科内的知识整合，统筹设计综合课程和跨学科主题学习。因此，学校教育应以学生为中心，强调基于生活情境、问题、任务的学习，将知识学习和素养发展相统一。这就需要转变重教轻学、重知识轻实践、重结果轻过程的传统教学方式，保护孩子们的好奇心，让他们在实践中学习，从而提高其创造性解决问题的能力。

杭州师范大学东城第二小学是全国第三批新样态实验区学校，首批STEM教育与项目化学习种子学校、上城区作业改革基地校，荣获上城区教学管理金名片。在已有经验的基础上，学校积极探索教学方式，重构课程内容，创设多元学习环境，实现系统化学科实践和跨学科实践学习，从而培养学生的自主力和创造力，让学生成为问题解决者。

一、学习驿馆的学习转型

系统性、结构化、开放型的学习空间，是学生创新解决问题让能力可持续性发展的实践基础。当前学校内的学习空间千篇一律，例如：教室内整齐划一的布局，不利于学生之间的互动交流；图书馆、科学实验室等场馆布置以知识学习为主，缺乏生活元素，无法激发学生的学习动机……

本着"让校园内每一个角落都冒着知识的泡泡"的理念，东城二小探索学习驿馆，将学生、学习和实践有机整合。学习驿馆中有丰富的学习资源、研究工具，是承载学习、活动和协作，实现学科素养的新渠道。学习驿馆创设真正的探究课堂，将学生置于真实情境中，将问题和任务融合在学习情境中，让学生与环境主动互动，在创玩、创思、创做中感受学习的乐趣，像"科学家一样思考和实践"，从此提升其综合素养，培养其自主学习和创造性解决问题的能力。

（一）"认知—身体—环境"的具身学习方式

在传统的认知过程中，外部环境中的信息通过感官转换成抽象的表征符号，如字词、图画、数字等。传统的认知理解中，认知、思维、记忆等因素是独立于身体存在的心智能力，以此推动学习就是对这些心智能力进行的训练的过程。"形式训练"就是具身学习的思想结果，它通过对这些心智因素进行强化训练，提高学生心智能力，再将知识进行迁移运用。在传统的学习环境中，会出现忽视身体及环境的倾向，认为学习仅仅是学生发展心智的活动，从而出现学习"离身"的现象，使整体学习环境及相关因素之间缺乏一定的关联性，最终呈现出静态化的学习样式，阻碍了动态学习的发生。

具身学习的视野下，认知、身体、环境是一体的。认知是对身体的认知，身体的结构是进化后的产物，是在环境中塑造的，认知、身体与环境是一个有机系统。

具身学习中的具身认识具有非表征的特点，在思考、判断等新知过程中具有非表征的加工和操作。具身学习重视身体在学习过程中的参与和体验，在学习建构的过程中具有一定的情境性和生成性等。具身学习指向下的学习环境创设，需要将学生的感知觉与学习环境相互联系。学习环境的具身性使学习回归本身，并通过主客体结合的视角去研究学习环境与身体及环境之间的关系。学生只有具身参与学习中，体验学习知识，才能增强其理解和认知，让身体感知与心智发展相融合。

具身学习指向下的学习驿馆的建立，将原有的独立系统的学习活动转变为有机系统融合下的学习活动，其构建的基础在于生活、自然环境等要素之间的分离与结合。这样的有机系统考虑到了认知、身体与环境要素之间的联系与相互作用，它旨在为学生创设良性的、生成的、动态的学习环境系统，为学习注入新的活力。

学习驿馆中的学习是具身式学习，学科的学习不再是"阶梯型"学习，而是"登山型"学习，它以"问题—探究—表达"的过程组织学习。在"登山型"学习过程中，学生自由选择自己的问题解决方式等。在整个学习过程中，学生都能全身心地去投入、去体验、去感悟知识的形成过程。

（二）"问题—知识—社会"的知识探究过程

素养导向下的教学，单纯地提出学科性问题已无法满足学生素养发展的需求，只有让学生置身于生活化的、复杂的问题情境中，通过学生个体与情境的深度互动、有效思考、综合分析，才能真正促进学生认知、思维、情感各系统的全面运作，将生活世界与书本内容有机结合，进而建构知识，习得适应社会的多种能力。

蕴含学科知识原理的生活、现象、生产劳作问题等是探究的关键，在学习驿馆中，学生是问题的发现者、探究者和解决者。学生带着发现的眼睛去生活中寻找蕴含学科知识的各类生活实际问题，如"九堡大桥有多长""妈妈的头发有多少根""一粒米有多重""叶子的面积有多大"等。学生可以在数学实验室中按照自身的意愿，选择工具、研究材料，自发地组建小组，运用学科知识与以往学习经验设计实验，去开展实地研究。例如，九堡大桥的实地研究，提出的问题是"九堡大桥有多长"，学生采用脚步丈量、车轮滚动测量、卷尺拉直后读取长度等方法开展实践，发现数学对社会生活的意义。

学习驿馆中，学生通过发现知识形成的过程，来获取知识和发展思维。比如"我的小船我做主"项目，通过小船比赛建构关于船的整体结构概念。学生在实验室中，初探自制小船的行驶方向如何变化；再探尾舵朝向不同，小船行驶方向不同；最终精探船舵与方向的关系。从上述三个探究活动中，学生可以自主发现现象中存在的科学规律。

学习驿馆中，学生在解决问题的过程中不断学习课本以外的知识，并更多地涉及社会生活领域的其他问题，进而优化自己的解决方式。比如"一滴水的旅行"项目之"太阳能水车"的实践，学生研究如何利用太阳能发电，驱使水车转动，还发现能从节约成本的角度发挥太阳能水车为各家各户供水的功能。

（三）"分析—评价—创造"的高阶思维提升

传统的记忆、理解、应用类认知属于低阶思维，难以发展学生的创造能力。学生想要拥有创造的能力，就需要高阶思维，即"分析、评价、创造"这三类较高认知水平上的心智活动。分析是指将各个材料之间的结构、关系进行解构和梳理；评价是基于一定的标准进行检验和判断；创造是指根据已学的概念、原理对事物进行设计，并生成新的模型、结构。

学习驿馆中，学生敏锐观察、充分感受和深刻体会周围的世界。学生对学科原理背后所蕴含的事实、因困惑所产生的感受与感悟、广博的生活现象进行细致的学科分析，由此确认疑难问题，并开始调动思维进行探究。在此过程中，学生的体验、想象机制、推理逻辑统合发生。学生投入问题解决中，不断地进行评价和综合推理，实现从认识知识到深化知识，从简单问题走向复杂问题的进阶。学生解决问题离不开思维力，思维力不仅应用于课堂上，还融合于实践的真实情境中。真实情境往往夹杂着许多学科之外的问题，学生需要关注真实的情境细节、背景信息等，如此，学生才能走向体验，走向方法的论证，走向证据的收集，最终实现创造性解决问题。比如"九堡大桥有多长"这一数学学科问题，学生运用车轮、脚步、卷尺、手臂丈量等多种方法创造性解决；"亚运火炬"这一科学学科问题，学生利用凸透镜聚光、积木牌、电路亮灯等多路径创造项目成果；"'纸'对你说"这一语文学科问题，学生以诗歌、散文、书信等方式在纸上表达对妈妈的感谢。

（四）"迁移—开放—共享"的多元成果展现

学习驿馆中的学习结果是可迁移的。通过实践学习，学生适应知识在不同情境下的变化，获得在不同问题背景下、跨学科问题导向下迁移概念、方法和思维的能力。比如，在"纸"项目化学习后，学生从纸的形状与结构、功能、历史、艺术等方面开展研究，形成分类探究的方法。研究"水"项目主题时，学生迁移分类思想，从水的功能、艺术、特点等角度研究，形成水杯音乐、太阳能水车、雨水收集器等成果。

学习驿馆中的学习成果是开放的。学生创造性地运用多种方法解决问题，采用多样表现方式呈现成果。开放的学习成果不仅包括实体的作品，还包括丰富多元的情感、态度、价值观、世界观等方面的自由发展的成果。学生在学习驿馆中实践、积累、内化，用科学的眼光看待生活，走向自然学习，最终能自由地运用自己的能力，并把握和控制自己的情感。如在"航天航空"系列项目中，学生通过观看航天视频、探秘宇航服、研究航天器，从内心深处对国家航天事业感到骄傲和自豪，进而产生浓厚的民族自豪感和责任心。

学习驿馆中的学习成果是共享的。利用学校成果展示栏、进阶式评价制、立体式评价会、线上发布会等方式将学习成果在校内、外进行共享，充分开发学生智慧的大脑，鼓励学生剖析作品，进行思维碰撞，取长补短，在自我反思中成长。学习驿馆中的学习，带给学生的影响是持久的，从中习得的能力是影响他们一生的关键能力。

二、学习驿馆的关键特征

学习驿馆旨在实现学科和跨学科的实践学习，让学生将学科知识融合实践对生活现象、科技发展、生产劳动等进行深入的探究和挖掘，发现问题，提出问题，最终解决问题，发展能力。满足学科实践学习的学习驿馆有别于传统学习环境，它有自己独特的关键特征。

（一）自主学习的灵活性

学习驿馆的灵活性可以从两个方面来理解。一方面，打破单一、固定化的模式来满足个性化、多样化的学习需求。如力学实验室有学生自主实验的材料区，有适合小组合作的学习区，有摆放学生成果的展示区，有教师引导学生学习知识的共学区，有分析和解决问题的研讨区，有学生感兴趣的问题墙，有学生表达解题思路的交流区，有进一步探讨问题的拓展区。

另一方面，学习驿馆要从以教师为中心走向以学生为中心，最大限度地支持个性化学习。传统教育中，基于教室的学习采用"一刀切"方式，所有学习者选择相同的研究方法、步骤、工具和策略，还有统一化的认知起点和终点。灵活化的学习驿馆让学生自主选择合适的研究路径、学习场景、记录方式、学习伙伴、学习进程、学习时间等，这也是学生学会学习的根本所在。基于此，灵活化的学习驿馆不仅要合理分布资源，更要注重学习自主权的转移，将学习时空和内容的自主权和调控权逐步交给学生，帮助学生在驿馆中构建属于自己的、具有创造性的内在文化，只有如此个性化的学习驿馆才能适应学校实践育人的教学方式变革。

（二）问题驱动的研究性

真正的学习不是蜻蜓点水地打卡知识点，或死记硬背教材内容，而是通过深度实践学习中获得的。学习驿馆从空间设计理念和环境创设上强调实验与行动的导向，引导学生深入学习过程，理解和运用知识。

因此，学习驿馆的研究性可以这样理解：驿馆中设置的资源是具有学习价值的，是与学校课程内容相吻合的，是对学生的认知、技能、思维发展起着积极作用的，是以有趣好玩的问题促使学生进行思考、假设、真实体验、追踪、考察、调查等持续性的活动。如：东城二小问题墙上设置的不同学科的各类问题引领学生积极解决问题；益智大脑墙面上的手摇发电机器人、齿轮联动装置引发学生自主提问、充分体验、解决疑惑。研究问题的层次化能适应不同年龄段学生的学习，这些研究问题还能拓展出更多可探索的主题供学生继续学习，促使相关联的概念理解和认知水平提升。又如东城二小的爬山虎研究院借助四层教学楼围墙，动员学生参与爬山虎幼苗的种植，记录爬山虎每天的生长变化，寻找爬山虎爬墙的原因，探索爬山虎能够降温的原因，对比分析爬山虎的种类，研究爬山虎爬得更高的秘密。小学低段、中段和高段学生从多种角度、不同深度对爬山虎进行长期研究，以此丰富学生的科学知识，发展其迁移能力，增强其实践能力。

（三）随时组建的社交性

人类的生存离不开组织和社会，单纯学习知识远远不够，情绪调节能力、协作能力、交往能力等是未来工作中必不可少的素养。学习驿馆作为一个新型的学习环境，打破固有的教室教学，鼓励学生在活动中体验、交流，使学生从被动学习向自学、互学、助学、共学方式转变，强调学生在实践过程中的协作性和学习共同体的组建，关注学生的身心健康发展。学习驿馆中的学习是个体与集体的融合，是智慧的共享和创生。比如在思考项目式作业如何创意设计时，学生在班级、年级中寻找与自己有共同愿景，且背景、性格、学习能力各异的同伴组成学习共同体，通过对话、交流、共享，解决个体疑惑，一起建构知识。在链接生活的数学实验中，学生、家长、教师、社会人员组成学习共同体，全面整合多维资源和多元思维，形成完整的集体智慧，为解决真实问题创设条件。在益智大脑墙体验驿馆中，来自不同年龄段、不同生活环境、存在异质性的学生组合在一起，共同面对着大脑墙，思考各个机械组织的作用。小学高段学生扮演教师、专家、学者的角色，共享自己的发现；小学低、中段学生积极提问，在深层互动中有效反思、创生知识。

三、学习驿馆的目标引领：问题解决者

学习驿馆贯通"书本的虚拟"和"世界的真实"，将书本学习与实践体验深入关联，给学生充分感受、见识、潜心思考、敢于动手、敢于质疑、敢于挑战的机会，在自由、民主的学习氛围中，实现"三创"目标的培养，让学生成为问题解决者。

"三创"指的是学生的创见活力、创造能力与创新精神。创见活力是学生要具备独特见解和踊跃思考的特质；创造能力是一种知识储备和实践能力的表现；创新精神是科学精神和人文精神的有机结合。创见活力是"三创"目标实现的前提，创造能力是"三创"目标实现的关键能力，创新精神是"三创"目标的发展归属（如图3-1-1所示）。

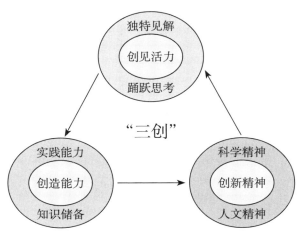

图3-1-1 "三创"目标的内涵

（一）别具一格的创见活力

学习驿馆的建立不是简单的场所选择和环境氛围的营造，而是需要聚焦"三创"的培养，与学校"弄潮儿"课程体系相统一，充分发挥学习驿馆的育人功能。学习驿馆以单学科、跨学科和超学科知识体系为中心进行学习内容的设置，促使学生高效学习。

在学习驿馆的学习过程中，学生能发现与以往传统学习的区别，无论是学习场地，或是学习内容，因新奇的学习事物，学生的学习感受与以往有所不同。学生在学习驿馆中学习，能有效激发学生学习兴趣，使学生积极踊跃地思考，对事物产生独特的见解并且形成持续的研究力。

学习驿馆从环境要素、功能性、多样性、开放性等角度对学习方式进行变革，实现由被动学习到主动学习，让学习时刻发生、真实发生，让体验学习、动手实践、交流合作成为常态，让学生获得更多的直接经验。随着学习方式的变革，教师和学生的角色都发生了转变，教师从传授者转变为了引导者，学生从被灌输者转变为知识的主动探究者、研究者，呈现"玩中学，玩中研"的景象。如微项目"妈妈的头发有多少根"，学生创新数学方法，有的学生运用头发平分法，先把妈妈的头发用梳子均分成28份，取出其中一份，再把这一份平均分成6份，这一小份数出来是700根，然后计算得出

117600根头发；有的学生借助小方格，让头皮面积更准确。学生的学习内容从书本迁移到现实生活中，这大大提升了学生的学习兴趣。教学内容从课本内容的学习迁移到生活中的观察发现，别具一格的内容极大地激活了学生的创见活力，也激发了学生在学习过程中的创造能力。

（二）别具匠心的创造能力

学习驿馆联系生活现象，以具体情境为载体，将各个阶段的抽象知识融入具体情境当中。学生能够在具体情境中实现对抽象知识的形象化理解，转化成各种知识储备。在此过程中，接触新鲜的学习事物与环境，学生的动手实践能力得到显著提高。

学习驿馆关注课程、资源、活动等教育元素的结构化、具体化的创新，从多种角度为抽象知识向具体知识的转变营造了真实的学习情境：一是将真实世界中难以直接接触的实物以模型形式进行布局，设计符合学生认知机制的学习情境，让学生真实地接触模型，运用眼、手、脑去探索问题，分析现象背后的本质。如在科技长廊展示各种桥的模型，帮助学生细致、全面地了解桥每一部分的结构和功能。二是以真实事件、科技新闻、身边生活现象为素材，进行学习驿馆的空间布置，为学生创造出身临其境、积极思考的学习氛围。如科学实验室的火箭系列、星座与宇宙系列、动力系列的窗帘，学生阅读窗帘上的新闻并与已学知识链接，产生思考并试图解决问题。三是将真实事物搬进驿馆，引导学生主动分析事物，让学生在具体情境中沉浸式实践，扎实地动手研究。

学习驿馆为枯燥、抽象的知识创造了真实、形象的学习情境，让学生将学习与生活现象、现实问题联系在一起，在实践体验中成长与创造。如"一滴水的旅行"项目化作业之"自动饮水机"研究，学生设计制作了各类奇思妙想的自动饮水机，有感应式饮水机、按压式饮水机、开盖式饮水机等，同学和老师们都惊叹四年级学生的多才多艺。在动手实操的过程中，将理论知识与实践运用的能力有效结合，学生的创造能力也会得到相应的提高。

（三）潜心探究的创新精神

学习驿馆中，"'弄潮儿'学校课程—学习设备—学习环境"三者相辅相成，学习驿馆基于自然环境推进了资源叠加和平台融合，让学生能够更广泛、深入地学习，通过举一反三、反复推理论证、不断批判和反思，逐渐渗透科学和人文精神。例如，学习不同植物种类和特点时，学生从教室、校园、家庭和社区出发，整合课本上的植物、校园植物角、家庭盆栽、社区植物资源，将所见到的自然环境中的植物进行分析、归类，寻找不同种类植物的相同点和不同点，将动态、静态资源融汇在一起，最终理解植物的多样性，达到培养潜心研究的科学精神的目的。

同时，解决真实问题时不可能仅仅涉及单一学科的知识和技能，还需要综合应用多学科知识。学习驿馆将不同学科课程（语文、数学、英语、科学、劳动等）的学习方式进行综合设计，并融汇在一起。即同一个驿馆中设置的资源和工具是多样的、全面的，可以促进更多课程的学习，不仅达成了对学生科学精神的培育，对万物的包容和理解、对人的关心和理解等人文精神也在悄然树立。例如，在爬山虎自然研究院中，学生要解决爬山虎是否能爬墙的问题，需要从科学角度运用工具观察爬山虎的结构，从语文角度描述爬山虎的形态变化，从数学角度测量爬山虎的高度和计算爬山虎的吸力，从艺术角度绘制爬山虎的外形特点。爬山虎研究院将不同形态的课程资源进行融合，提高学生的活动参与度，为教师的"教"提供支持和服务。学生在此过程中像科学家一样进行研究，对原有的知识与新知识进行不断的辩证思考。

第二节　学习驿馆的内容体系

新课程标准指出，学生需要学会用学科眼光观察世界，会用学科思维思考现实世界，会用学科语言表达现实世界，将所学知识运用到现实世界中，解决现实中的问题。学习驿馆从关联生活、关联问题和关联自然三个维度建构整体内容，引导学生面对真实情境，思考真实问题，开展真实探究，旨在将学生培养成具有创见活力、创造能力和创新精神的问题解决者，最终实现学科实践育人的目的。学习驿站的内容体系架构见表3-2-1。

表3-2-1　学习驿馆的内容体系架构

	内容维度	内容体系	实施空间	价值追求
学习驿馆的内容体系	关联生活	1. 走进生活：关注学生的现实生活，如种植、观察植物；走访、实际考察；思考各类生活问题；等等。 2. 融通生活：关心学生的理想生活，如学科知识课内外延伸。 3. 创造生活：关心学生的可能生活，如在新情境中的迁移应用	学科实验室	创见活力的培育
	关联问题	1. 学科问题：聚焦学科本质，培养核心素养。 2. 跨学科问题：拓展学科运用，发展综合能力	问题树洞	创造能力的培育
	关联自然	1. 利用自然：自然是天然教科书，如将自然环境中的现象作为课内学习素材。 2. 改造自然：学科知识再创自然，如依托各种学习方式，以各类任务为载体，让学生积极主动地在观察自然中学习。 3. 返璞自然：学习成果回归自然	爬山虎研究院	创新精神的培育

学科知识来源于生活，最终又回归于生活。因此实践探索包裹着学科知识和跨学科知识的生活现象、生活实践，才能使学习变得有意义、有价值。学生的生活经验只有融入了学科思维和方法，才能形成生存智慧。学科实验室是学科与生活之间的桥梁，教师鼓励学生链接生活、深入剖析、发现问题，并为其提供学科思维、工具、方法等支架，帮助学生在探究过程中掌握学科知识，运用知识，激活思维，进而发展创见活力。

问题能够激发学生的学习动力，使学生展开一环又一环的思考，给予学生更多的自主探究空间，锻炼学生应用学科知识、跨学科知识的能力。问题一方面来自教师的精心设计，另一方面来自学生发自内心的思考。问题树洞是学科与问题间的桥梁，学生聚焦问题，设计实验，创造性地解决问题。

大自然是最适合学习的教室。小学生对动植物充满好奇心，沙土、水、阳光等自然元素都能吸引他们的注意力，使其主动走进自然，徜徉在感受自然、探究自然的乐园里。开展学科和跨学科学习，让学生感知阳光与生命的关系、动植物的依存关系，引导小学生与自然亲密互动，长期观察自然，与自然对话，用学科视角去认知自然变化与更替的规律，用科学方法去创造自然，逐渐培育其科创精神。

生活、问题、自然三者密不可分，缺一不可。生活、自然中隐含着各类学科问题，问题可以从生活、自然中来。学习驿馆联系生活、问题和自然，以学科实验室、问题树洞和爬山虎研究院为主，多维度地组织学生进行学科内实践和跨学科实践，让学生亲历学习过程，落地知识目标和学科素养目标，进而提高创新能力。

一、关联生活

杜威曾提出"生活即教育"的理念，好的教育必须来源于生活、联系生活。实际生活是教育资源的来源，也是学生训练发展的平台，学生从生活中学习知识的同时又需要将学到的知识运用到实际生活中。脱离实际生活的教育是空虚且低效的，是无法培养学生的核心素养的。

学生作为问题的解决者，停留在书面，禁锢于教室，只解决教师提出的问题并不能满足学生的发展需求。掌握基本知识技能是基础，在生活中不断提出问题、分析问题、解决问题，以及将习得的知识运用于生活之中才是教育的目标，学生的核心素养才能得到快速发展。

学校设置了学科实验室，实现了学习内容、学习方式、学习资源、学习场所的生活化融通，它们互相联动，打破边界，重构意义，让学习回归生活、回归儿童。在此，教师鼓励学生大胆发表个性化的观点，积累丰富多样的学习经验，实现内驱力的不断发展。学科实验室的顶层设计见表3-2-2。

表3-2-2 学科实验室顶层设计

目标	目标细化	内容体系	年段
创见活力的培育	1. 引导学生走进生活，将生活与学习联系起来。2. 激发学生的探究欲望。3. 引导学生结合生活经验，提出个性化的观点、想法，让学生踊跃思考	1. 走进生活：种植、观察植物，走访、实际考察，思考各类生活问题等。2. 融通生活：学科知识延伸；对生活现象进行深入研究。3. 创造生活：创设有挑战性的生活情境任务，如趣味科学实验、鸡蛋碰地球等；设计出行路线图，如春秋游路线图	一至六年级

（一）走进生活：关注学生的现实生活

顾名思义，现实生活关联就是指学科知识与现实生活之间的联系，从小学生学习的角度来看，这种联系通常是指知识在生活中的直接运用。以爬山虎课程为例，学生通过学习及现实观察，了解爬山虎的生活习性，并能利用爬山虎这一载体回顾学科知识，最终成功种植爬山虎。此外，爬山虎的大量繁殖会造成老小区的墙面脱落，是否会影响建筑的安全性这一问题也需要学生探究解决。

在学习的过程中，教师应该带领学生主动发现各类蕴含知识的生活现象，并深入分析，从而让学生的核心素养得到有效的训练。例如，在学科实验室中放置一些科学杂志、工具的使用说明书等供大家参考学习，引导学生在课后走出教室去观察和发现等。教师应该走进学生生活，关注生活背景、家庭教育等因素，调整、补充教学内容，完善教学目标。比如，我们可以从调查学生的前概念、实践力、兴趣度等角度出发，了解学生的生活经验，设计与其相匹配的校园环境、研究内容、实践活动，引导学生提出多元化的解决思路（见表3-2-3）。

表3-2-3　了解学生现实生活的路径

维度	前概念	实践力	兴趣度
内容	1. 对现象的理解。 2. 具有哪些生活经验。 3. 寻找产生前概念的原因	1. 处在何种程度？ 2. 还存在的问题	1. 对哪些内容感兴趣？ 2. 哪些内容从未接触过？
方式	走访家庭，相互交流，问卷，访谈，观察解题思路、思维方式		

（二）融通生活：关怀学生的理想生活

学校是一个独特的育人场所，校园的一切存在都应该发挥它的育人价值。多年来，学校一直聚焦实践能力，坚持以项目化学习、主题式学习等形式探索课程育人方式变革的路径，积极践行国家课程校本化。

将学生的生活世界与单元教学有效整合，实现概念的有效建构和能力的发展。实施过程中，注意选择与学生的兴趣、知识、能力紧密相关的生活现象，将其设计成丰富多样的任务、活动链，关注"全员"与"全程"（即全体学生在教师的指导下全程参与），及时渗透评价，聚焦增值评价，发展学生学科素养。此外，学科实验室的教师团队由多位老师共同组成，学科实验室的构造就是生活环境和学校场地的高度融合。比如，校园艺术节中的故事表演节目是四年级学生在班主任老师的带领下策划的，在语文老师的带领下改编剧本，在美术老师的带领下制作道具、服饰，在音乐老师的带领下制作音效，在体育老师的带领下排列队形，甚至家长出力负责美妆等。无论是指导老师的配备、学科知识的选择，还是将语文学科与艺术节展演进行的整合融通，都能体现出校园的综合性特点。

（三）创造生活：关照学生的"可能生活"

学生的"可能生活"指的是需要教师指导的、学生行动能力可能实现的、现实世界允许进入的、符合社会主流要求的、个体需要积极主动去筹划和创造的合情合理的生活。将建构学生的"可能生活"作为教育价值的新诉求，是教育的本真所在。应鼓励学生克服困难，不断地努力，不断地超越。教师可以设置具有挑战性的主题，让学生发挥想象力，尝试运用多种方式解决问题，例如，设计春游路线图的活动，学生还可以利用数学知识，通过计算时间、路程、成本，结合考虑路线的复杂程度等多种因素，设计出最佳春秋游的路线图供学校参考。实施过程中，教师引导学生合理使用驿站中的资源一步步地解决问题，最后完成对整个任务的探索。在一次次的经历中不断用学科素养去思考和解决问题，最终走出校园遇到真实的生活问题时，才能提出独特见解，自行解决问题，实现成长目标。

二、关联问题

问题是学习的起点，也是学科实践驿馆的起点。离开问题就不会有学科实践学习活动。"问题—思考—学习—升级—应用—创造"，这些构成一个链条。在这个链条的序列中，问题是排第一位的，没有问题就没有后续的其他环节。

学习驿馆的设立运转需要关联问题，这样才能让学生在学习过程中将所学的知识有效运用，以解决在实际生活、学习中碰到的问题，这样才能有效地将学校与社会、学习与生活联系起来，调动学生的学习热情和学习兴趣，使其深刻理解知识对于生活的意义，感受拥有知识及使用知识的力量。

学校创设了"问题树洞"驿馆，有序、有方向地组织学生开展"问题树洞"的学科实践活动。

"问题树洞"主要由学科问题和跨学科问题两部分组成。学科问题包括学科基本问题和学生学科学习过程中遇到的课内外问题，能够随时激活学生已有经验。跨学科问题是依托多门学科知识解决的综合性问题，能够学生在教师的引导下运用多学科知识开展研究性学习活动，并解决问题。此过程不仅能有效激发学生的学习兴趣，还能让学生进行合作学习，促使他们在学习实践中实现思维的碰撞和创造能力的提高。"问题树洞"的顶层设计见表3-2-4。

表3-2-4　"问题树洞"顶层设计

目标	目标细化	内容体系	年段
创造能力的培养	1. 不断思考后形成解决方案。 2. 尝试探究解决。 3. 优化并创造性地解决问题	1. 学科问题：指向学科核心问题，学生学习过程中遇到的知识型问题。 2. 跨学科问题：来源于社会问题、生活问题、学校活动，能提高学生实践、合作等多种能力的综合性问题	一至六年级

（一）学科问题：聚焦学科本质，培养核心素养

学科问题一方面包括指向学科大概念的核心问题，这是课程内容的关键和核心，还有将学科内容的丰富性与复杂性展示出来的问题，如单元重要问题和课时基本问题。另一方面，学科问题来源于课内外，可以是师生在交流过程中思维碰撞后产生的，也可以是教师备课时发现的，还可以是学生在学习中遇到的，随时激活学生已有经验。

实践的过程中探究学科问题，分析问题的实质本源，能使后续开展的学习实践活动更为有效。这样能使学习驿馆活动开展得更为充分，真正发展学生的学科核心素养和创造性思维。

在实施中，可能会出现学生更多关注学科问题表层的现象，对于学科问题的核心现象则较难观察及发现。因此，师生需要对所搜集或已有的知识、经验等内容进行有效的整合和加工，使学科问题的实质本源得以呈现。同时，教师也要带领学生将学科问题进行分解，一步步追问，挖掘学科问题的本质。

（二）跨学科问题：拓展学科运用，发展综合能力

《义务教育课程方案（2022年版）》提出："各门课程用不少于10%的课时设计跨学科主题学习。"跨学科主题学习已经成为推动基础教育课程改革和学生综合素养发展的重要抓手。东城二小创建"问题树洞"学习驿馆，基于学生的发展需求，寻找和创设跨学科问题，并通过创设有意义的问题情境，以"1+X"或"X+X"的形式整合多学科课程内容，设计丰富的活动任务，让学生合作解决真实问题，使学生建构起宽厚而灵活的知识基础，培养学生有效的问题解决技能，发展学生的跨学科创造性思维。

跨学科问题来源于社会问题，包含热点的新闻报道、重大的科技进步等；来源于生活问题，包含有趣的生活现象、生活小玩意儿；来源于学校活动，包含创想节、国际节、友爱节、悦读节、活力节、成长节、安全节、艺术节八大节日，红领巾提案答复会，小脚丫走杭城等活动。

跨学科问题，对于学习实践者来说需要有前期积累，并将知识、经验进行整合与运用，才能顺利解决。不同学科的教师也需要全面、详尽地设计学生可能选择的多种问题分析路径，为学生提供不同类型的活动、情境、资源、工具、支架等要素，给予学生多元引导，比如：运用问题单、助学单、拓学单，让学生围绕关键问题设计方案；运用范例集帮助学生拓展思维，提升对比思维；借助信息技术带领学生了解肉眼无法观察到的现象等。各学科教师应该针对问题研究策略，帮助学生在学习实践中更有效、更具针对性地发现并创造性地解决问题。

比如，面对"纸有哪些功能"这个跨学科问题时，科学教师带领学生将问题拆解为"什么纸桥能承重""如何才能最大程度地承受重量""如何才能最节省纸"，从科学角度研究"改变纸的厚度、宽度、长度、高度对纸桥承重能力的影响"实验；美术老师可以将问题分解为"纸有哪些艺术范儿"的问题，从艺术学科角度研究纸，带领学生创作出一幅幅作品；从语文角度研究纸的功能，抒发对纸研究历程的崇敬之情。

三、关联自然

城市小学生缺乏亲近自然的机会，甚至完全脱离自然。专家将儿童去自然化的现象称为自然缺失症。研究表明，自然缺失症是儿童沉迷网络的原因之一。城市小学生需要拥入大自然的怀抱，需要接触自然环境。

学校创设爬山虎研究院驿馆，有序、有方向地组织学生开展跨学科实践活动。爬山虎研究院的顶层设计见表3-2-5。

表3-2-5　爬山虎研究院顶层设计

目标	目标细化	内容体系	分年级实施
创新精神的培育	1.通过长期观察、研究自然环境，认知植物、动物，以及水、土壤等非生物的特点。 2.改变固有空间的学习方式。倡导学生积极走进生活、真实情境，在思考、体验、辩证、对比等活动中，形成学习能力。 3.通过体验感悟，使学生充满激情、勇于创新、坚持不懈，进而尊重生命和自然	1.利用自然：将自然环境中的现象作为课内学习素材，辅助学习。 2.改造自然：依托各种学习方式，以各类任务为载体，让学生积极主动地投入自然观察中去，真正将学科知识与自然现象融合。 3.返璞自然：通过研究自然，发现自然规律，并将其运用于学习生活，增强创新精神	一、二年级：认知爬山虎。 三、四年级：研究爬山虎。 五、六年级：创造爬山虎

（一）利用自然：自然是天然教科书

以科学学科为例，大自然中的动物有多少种？它们的一生是如何演变的？它们的祖先和后代是什么样的？它们的生存环境有哪些不同？这些都是小学生乐于探究和学习的问题。以语文学科为例，与水、鸟、树叶相关的诗歌，各种花朵的介绍，对各种动物面对恶劣天气勇于拼搏精神的歌颂，这些都是学习资源。以数学学科为例，叶子的面积是多少、树木有多高等研究能满足学生对实践探索的欲望。自然环境中的真实情境、真实材料、真实问题能促使学生深入学科实践，构建相关学科知识与经验，发展学生的创新精神。

校园中的一片草地、一排树木、一角花圃均是自然学习场所。东城二小基于三个原则在校园中创设自然环境。第一，满足学生的探索需求。小学生喜欢种类多样、类型奇特、颜色靓丽的树木、灌木等。因此，学校选择攀缘类植物，吸引学生注意力；选择低矮植物，便于学生触摸和观察；选择各种果树，增加学生对生命意义的理解；选择常青、落叶树，易于学生分析和辨别。第二，满足教师的教学需要。各学科教师分析课标、教材，从横向和纵向角度对其进行分类，形成自然环境创设的构思图谱。第三，满足同伴交往的需求。自然环境的创设要有利于激发同伴之间的交流提高学生交往的频率。比如，设计小亭子、铺设美丽的鹅卵石道路、设置休憩的石凳等。

（二）改造自然：学科知识再创自然

爬山虎研究院中的课程内容遵循学生身心发展规律，循序渐进地引导学生运用学科知识研究自然，探索自然奥秘。学校从行政处、年级组长、备课组长到学科教师，自上而下精心设计自然课程，定期组织学生开展研究。学校将课程内容横向拓展，纵向延伸，使低、中、高段学生的研究内容前后衔接，让学生全面理解学科本质，真正对生命、自然产生敬佩和敬畏之心。

学习内容分年段设计。活动形式可以是小组合作、独立研究，也可以是跨班级的自由组合。为了激发学生对自然的研究兴趣，养成创新精神，设计了如下课程内容，见表3-2-6。

表3-2-6　分年段学习内容设计

活动内容	活动目标	涉及学科	课时安排	活动形式
爬山虎研究	一、二年级：从不同角度认知爬山虎	语文 美术 科学 音乐	2～4课时	小组、独立、跨班级
	三、四年级：从不同角度研究爬山虎			
	五、六年级：活化爬山虎，扮演、创造爬山虎			

教师以教材为抓手，依托项目式学习、跨学科主题学习、大单元教学、社团课程学习等方式，以基础作业、教学活动、拓展活动、长短假期创新作业为载体，让学生积极主动地观察自然，真正将学科知识与自然现象融合，以学科的眼光看待世界，进而培育创新精神。在研究自然时，注重多学科融合，将语文、数学、科学、美术、综合实践活动等学科以同一大主题方式互相打通。从多角度、多视觉学习自然，发现自然的文学美、数学美、艺术美、科学美，增强创新精神。以爬山虎课程为例，学生通过各类学科学习了解爬山虎的相关知识，利用爬山虎这一载体，了解植物生长类的过程。

（三）返璞自然：学习成果回归自然

教育家卢梭主张"让教育回归自然"，学习也应该回归自然。学生通过研究自然，获取自然规律，增强创新精神。学校结合学生研究所得设置活动，使学生走进大自然、拥抱大自然，去自然界中创造自己的学习成果（如图3-2-1所示）。以爬山虎研究为例，在走访调查老小区中爬山虎的生长情况之后，学生结合学科知识、网络资源等解决可能存在的问题，如爬山虎的生长对建筑的影响、爬山虎如何才能爬墙等。

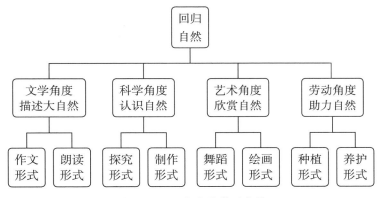

图3-2-1　回归自然学习成果

我们可以引导学生从文学、科学、艺术、劳动这四个维度认识自然，回归自然。学生以作文、朗读形式描述自然、欣赏自然，抒发自己内心的情感；以探究、制作形式认识大自然，寻找更多的自然规律，感受自然界动植物坚忍不拔的精神，以及为了生存奋力向上汲取阳光的毅力；以舞蹈、绘画形式欣赏自然，用舞蹈描述动植物的形态，用彩笔绘画出自然界的各种现象，向他人分享自己的所得；以种植形式、养护形式助力自然，自己亲手种植植物，应用养护知识，尝试记录植物的一生。

让学生用自己的方式看待自然，用自己的学习成果表达对自然的热爱。例如，五年级学生发现假期旅游期间，家中的植物无人浇水，于是这名学生从科学的角度出发，设计了盆栽植物浇水装置。他先回顾之前习得的气压、毛细现象等原理，梳理并记录，形成自己的设计图，然后寻找材料自制盆栽植物浇水装置（如图3-2-2所示），一步步地验证自己的猜想。最终成功地制作出浇水装置，并将成果分享给同伴，大家互相学习。

图3-2-2　自制盆栽植物浇水装置

第三节　学习驿馆的实践育人形态

学习驿馆以"场"召"学"，打通传统教室、校园环境和未来发展，融入听觉、视觉、触觉等感官体验，将观察、思考、实践融为一体，满足学生在学科学习过程中的自主学习、发现问题、主动探究、深化拓展等多种学习需求。

学科驿馆打造探究的课堂，创设学科实验室，让学生经历"链接生活—深入剖析—发现问题"环节；创设问题树洞，让学生经历"聚焦问题—设计实验—探究解决"环节；创立爬山虎研究院，让学生经历"观察自然—引发思考—激发创造"环节。面对真情境、真问题，开展真实验，成为问题解决者，发展创见活力、创造能力，培育创新精神。图3-3-1是学习驿馆的实践育人路径。

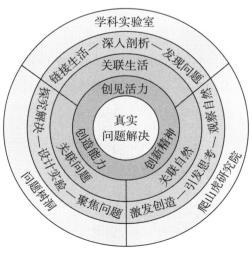

图3-3-1　学习驿馆的实践育人路径

121

一、学科实验室

（一）学科实验室的打造

实验室不仅是师生交互的场所，更是学生自学、互学和探究生活规律的重要场地。学校实验室的每一处都是学习工具，如航天系列窗帘、张贴科学名人画像、科学名人语录、格言警句的墙壁，培养微生物的角落，种植植物的窗台等。

除此之外，学校实验室还充分利用室外的廊区和室内的剩余空间，展示学生各式各样的小发明、小制作。作品可以直接展示，也可以配上解说词，或拍成照片展出。如此开放式地展现作品，便于学生课前、课后阅读欣赏、交流讨论、知识共享。数学学科实验室作为主要板块之一，师生可有效依托数学这一主学科背景，开展一系列相关研究，如三年级通过链接知识点"感知面积含义，建立面积表象，抽象面积概念"，进行了"鸡蛋的'小脸'有多大"的探讨；五年级通过链接知识点"探究速度、时间和路程的关系"，开展"九堡大桥有多长"等实验。

（二）学科实验室的构成

学科实验室的建设并不局限于校园，校外资源也是学生可以利用的重要资源。作为学生在校内最主要的学科实验室，教室的用途最为明显，师生大部分的学习交流活动都在这片区域内进行。当然，图书馆、活动角、科技走廊、木工制作中心及其他日常的实验室同样也为学生提供了支持。

校外可利用的资源极为丰富，将其合理地使用，对学生的发展具有至关重要的意义。学科实验室的结构如图3-3-2所示。

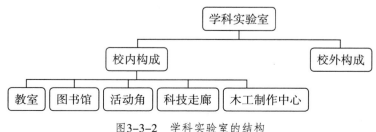

图3-3-2　学科实验室的结构

一方面，学校基于新课程标准，对比分析不同版本教材，提炼大概念，重构学科概念体系，统领学科教学；另一方面，学校定期组织教研组深入研究，以大单元学习、主题实践活动等多种形式开展教学，并组织学生基于学科实验开展问题研究，收集资源，寻找证据，解决问题，建构概念，进而发展学生的创见活力。

（三）学科实验室的实施

以学科微项目、大单元项目化学习等方式，链接生活，创设真实情境，引导学生利用资源，深入剖析，发现问题，引导学生积极观察、思考、操作，不断激发和唤醒学生的学习热情，活跃学生的思维，鼓励学生多样化地表达对问题的理解。

案例1："多边形的面积"大单元教学

1. 单元整体设计（如图3-3-3所示）

第一步是解读教材，精准把握目标内容，确定主方向；把控学情，设计真实的教学起点和增长点，调整教学策略。

第二步是高起点，审视梳理一至六年级有关面积的知识，把握本单元在小学阶段的地位和内容。

第三步是探寻大单元设计方向，一方面围绕单元核心概念把单元内容纵向打通，形成串联结构；另一方面把单元知识串联序列进行横向联结，形成并联结构。

第四步是建构拓展全景式教学新框架。

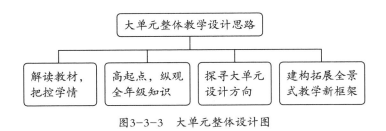

图3-3-3　大单元整体设计图

"多边形的面积"单元整体教学新框架见表3-3-1。将单元内容进行整合，设计图形拼组为单元起始课，为规则图形和不规则图形面积求解的学习提供思路。

三、四年级学生已具备基础图形面积求解的基础知识和基本活动经验，因此我们将平行四边形和三角形面积的学习设计为第2课时。通过学习平行四边形、三角形、梯形等面积的求解，让学生掌握解决真实问题所必须掌握的知识技能，同时新设三个课时来完成对树叶面积的求解问题，并深化知识，提升核心素养，提高综合能力。

表3-3-1 "多边形的面积"单元整体教学新框架

整合前	说明	整合后
课时内容		课时内容
第1课时：平行四边形面积	单元起始课	第1课时：图形拼组
第2课时：练习	不同图形之间的联系	第2课时：平行四边形和三角形面积
第3课时：三角形面积		第3课时：梯形面积
第4课时：练习		第4课时：综合性练习
第5课时：梯形面积		第5课时：组合图形的面积
第6课时：练习	不规则图形	第6课时：不规则图形的面积
第7课时：组合图形面积	研究叶子的秘密	第7课时：叶子的综合性学习（一）
第8课时：练习	拓展复习	第8课时：树叶面积再研究
第9课时：不规则图形面积		第9课时：点子图上的图形
第10课时：练习		第10课时：综合练习

2. 链接生活，激发兴趣

将面积问题与绿色植物制造氧气的量相融合，提出问题"多大面积的叶子才能制造出一个成人一天需要的氧气量？"让学积极思考，调动他们兴趣。

3. 链接驿馆，深入剖析

深入学科驿馆，通过"精准定位目标—明确关键问题—分析关键问题—拟定解决方案"的过程，帮助学生全方位剖析问题。表3-3-2是学生在学科实验室进行问题剖析的过程。

表3-3-2　学习驿馆服务叶子面积的解决

学习过程	学习驿馆	提供资源	具体学习活动
精准定位目标	学科教室	教师语言、方法的指引，试验单报告	学习规则图形和不规则图形面积的计算方法
明确关键问题	学科教室	阅读资料、课件展示，教师语言的指引	课堂讨论、小组研究面积方法
分析关键问题	学科教室	问题支架： 你打算研究什么植物的叶子？ 一盆植物可以释放多少氧气？ 一盆植物有多大面积的叶子？ 一个成人一天需要多少氧气？	课堂讨论、小组研究问题实质
拟定解决方案	学科教室	实验报告单分步指引	小组讨论解决方法
	家庭	电子设备（手机、电脑）	上网查阅一个成人一天所需氧气量等资料
			线上交流解决方法

4. 发现问题，积极创见

鼓励学生对问题的解决进行多维表达。有的学生将树叶画在方格子中，利用数格子的方法解决树叶面积问题；有的学生随机掷绿豆，运用可能性与倍数关系的方法推算树叶面积；有的学生先测量四颗绿豆的面积，再将绿豆摆成树叶形状，通过绿豆的数量和面积求出树叶的大致面积。有的学生则将新鲜的树叶裹上塑料袋，放置到水里，利用产生的氧气将水排开，测得排水的体积，再测算一片叶子产生氧气的体积，然后进一步推进研究。

5. 聚焦表达，学习评价

教师、学生从学习兴趣、质疑能力、独特见解三个维度对解决叶子面积的研究过程开展评价。家长对孩子是否积极参与、是否认真配合完成小组任务等方面展开评价，并给予肯定和表扬，见表3-3-3。

表3-3-3　问题解决过程的评价表

评价内容		评价等级			
		优秀	良好	中等	仍需努力
学习兴趣	能积极主动查找与叶子呼吸作用、光合作用有关的资料，善于观察和发现				
合作能力	积极参与小组讨论，分工合作，勇于承担责任				
质疑能力	敢于质疑别人提出的见解，并能清晰地表达理由				
独特见解	结合生活经验，表达独特的见解				
在这次项目中我的收获					
家长评价					

6.总结与反思

大单元整合前，"多边形的面积"单元教学方式是碎片化、抽象化、脱离生活的，学习空间局限于教室，学习材料基本由教师设计和提供，学生按照教师设计的方案被动学习，学生无研究欲望，不能将已学知识迁移至实际情境中，无法真正达到用数学的眼光观察现实世界，用数学的思维思考现实世界，用数学的语言表达现实世界的目的。因此综合应用能力、创新思维的发展难以落地。

以大单元视角和真实生活中的关键问题为中心，重新调整和组织教学内容，将多边形概念横向和纵向关联，组织学生将多边形面积概念在真实情境中应用。通过分析、思考、解决复杂生活问题，链接学习驿馆，为学生提供更多自主学习空间和丰富的学习资源，让学生积极主动地开展学习、提出独特见解，从多角度提升学生的数学素养。

二、问题树洞

依托学习驿馆，结合相关学科内容与特点，设立问题树洞的实践学习活动，发展学生的创造能力。

（一）问题树洞的打造

问题树洞是以问题墙、益智大脑墙、科技长廊、好玩的作业长廊、语文阅读角、图书角等为载体，将学生在学习驿馆中的相关学科学习、实践活动相互串联，帮助学生更好地学习实践。

学校建立问题树洞，可促使学生在玩的过程中提出问题。要求学生边思考边解决在实践过程中碰到的问题。设置综合各学科问题的问题墙，引导学生在学校、社会生活中寻找答案，培养创造能力。

（二）问题树洞的构成

问题树洞主要由学科问题与学科问题研究所两部分组成。学科问题是依托好玩问题设置专区，将学科知识、内容体系展现在学生面前。比如：将学生的科技小报、作品成果册等进行展示，随时激活学生已有经验；将学生学习过程中产生的相关问题记录下来，粘贴上墙，如鸡蛋的面积有多大、鸡蛋能承重吗。

学科问题研究所则是依托问题组建合作研究小组，学生在教师的指引下，根据学科问题开展研究性学习活动，促使他们在学习实践中实现思维的碰撞和创造能力的提高。

（三）问题树洞的实施

问题树洞以跨学科主题项目化学习、主题活动等方式实施，聚焦关键问题，创设真实情境，设计实验并选择工具、方法，让学生像科学家一样探究真理，发现创造。

案例2："不'纸'如此"项目式作业

1. 驱动性问题创设

"不'纸'如此"项目式作业的驱动性问题：生活中平凡的A4纸究竟有多不平凡？纸能七十二变吗？让我们展开与"纸"的奇妙之旅吧！

2. 项目任务设计

第一，项目围绕驱动性问题，结合各学科概念设计问题链，跨学科、跨年级、自选、必选结合，尊重学生差异，形成项目式任务群（见表3-3-4）。

表3-3-4 "不'纸'如此"项目式任务群

项目类别	项目内容	
必选项目	二年级	"纸"对你说
	三年级	听声辨音
	四年级	"不倒"之塔
	五年级	"霸王"之绳
	六年级	"承重"之桥
自选项目	1. 穿越纸环； 2. 隐形的字； 3. 纸的艺术范儿	
成果形式	1. 视频；2. 照片；3. 手抄报；4. 调查报告；5. 项目记录表小册子……	

第二，搭建参考式支架，提供项目记录表（见表3-3-5）和项目宝典，学生可以从实际需求出发，自由选择支架或者创作自己的支架解决问题。

表3-3-5 "不'纸'如此"，如此项目式记录表

项目名称	
参与人员	
参与口号	
项目过程	
项目结果	
作品照片	
成果评价 （家长填写）	
成果评价 （教师填写）	

项目宝典，人手一册送给你！

1. "纸"对你说

你能让废纸创造新生吗？可利用榨汁机、过滤网等材质创造再生纸，在你的作品上写上一句悄悄话，送给你最爱的人！（链接学科：科学、语文）

2. 听声辨音

用纸杯、棉线、针等材料制作一个传声筒，然后两两合作，利用听筒明辨单词发音，每组说出10个英语单词，比一比哪组听到的正确单词更多。（链接学科：英语）

3. "不倒"之塔

仅用1张A4纸搭建塔，任意剪裁、折叠，比比谁搭的纸塔最高且稳定性强。（链接学科：科学、数学）

4. "霸王"之绳

利用一张报纸（宽390 mm，高540 mm）做成绳子，长度至少1.5 m，不得使用胶水等任何有黏性的材料或者其他东西加固纸绳。测测你的纸绳能承受的最大拉力是多少，试试你能拉动多重的物体。（链接学科：科学）

5. "承重"之桥

用5张A4纸和固体胶建造一座可以承重的纸桥，不能使用其他物体加固。比比谁制作的纸桥承载量最大。（链接学科：科学）

6. 穿越纸环

用1张A4在不将纸剪断的情况下使尽可能多的人同时穿越纸张，之后将纸拼接复原，比比谁的作品穿越的人最多。（链接学科：数学、美术）

温馨提示：先把A4纸的宽边对折，沿两条长边相互交叉剪开，第一剪和最后一剪从折痕处出发，剩余部分沿折痕剪开。剪纸时离边缘越近，纸条越细，剪成的圈就越大，但是也不能太细。穿越过程中要拿着A4纸的两端，不要旋转；穿越时人不要跑太远，穿过去后立即往回穿，直到裁判喊停。复原时，将纸平铺在桌面上，先铺一面，再铺另一面，注意不要扯断。

7. 隐形的字

你有什么方法制作"密函"吗？让白纸上的字慢慢显示出来。（链接学科：科学）

8. 纸的艺术范儿

纸可以是平面的，也可以是立体多维的；它可以是纯白的，也可以是色彩斑斓的；它可以是柔软的，也可以是锋利坚硬的……纸可以变成哪些艺术作品呢？（链接学科：美术）

期待不起眼的纸张在你们手中千变万化，请赋予纸张灵动的力量。来吧！一起开动大脑，让小小纸张百变多彩！

3. 设计实验与探究解决

如图3-3-4所示，在"'承重'之桥"子项目中，学生思考"什么样的纸桥能承重""如何才能最节省材料"两个问题，进入寻疑阶段。教师出示与解决纸桥承重能力相关的生活情境、资料，引导学生思考，探讨从形状、厚度、宽度和角度改变纸承重能力的方法并通过一次次课后生活实验解决疑惑。在探究中，学生又提出新的问题：如何综合利用纸的形状、宽度和厚度来设计一座承重能力最大且最省材料的桥呢？

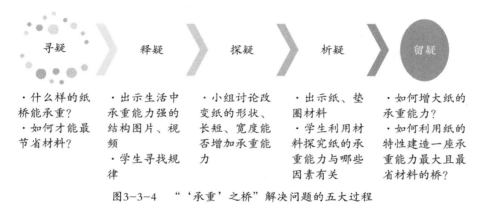

图3-3-4　"'承重'之桥"解决问题的五大过程

4. 教师的持续指导

在"不'纸'如此"项目式作业的实施中，教师利用班级微信群、电话、班级QQ群等，定期指导学生，把握项目式作业的整体进度。在项目实施中，教师和学生形成"阶段实践—问题反馈—评价指导—反思优化—再实践、反馈"的实践思路。

5. 成果展示评价

第一，表现性评价，用真实有意思的活动表现来判断。学生在家里进行项目实验后，得到独特的成果，经过班级、年级选拔后参加成果展览会。在展览会上，学生小组合作，自信大方地介绍、展示自己的成果，学生、教师、家长都积极参与评价。评价主体多元化，让评价全方位、立体化。表3-3-6为"听声辨音"的表现性评价。

表3-3-6　"听声辨音"表现性评价

项目名称	听声辨音
参与人员	昊泽，琪鹜，睿喆
参与口号	推陈出新，创智未来！
项目过程	用纸杯、棉线、剪刀、牙签等材料制作一个传声筒。 制作方法：取两个完好的纸杯，再取一根长度适当的棉线，用剪刀将牙签剪成适当长度，因为要放入杯中，所以牙签长度比杯底宽度小一些即可。然后，将纸杯底部戳开一个小孔，不要太大。将棉线一端塞入，并从杯口取出，再将棉线绑在牙签上。将棉线的另一端也进行同样的操作，一个传声筒就做好了。 两两合作，利用听筒明辨单词发音，每组说出5～10个英语单词，比一比哪组听到的正确单词更多。 学生很有创意，还做了一个有三个听筒的三叉形状的传声筒进行实践
项目结果	直线型的传声筒传声比较清晰，基本能够听清对方所说的成语，但是三叉形传声筒声音比较模糊，对方听得不清晰。因为传声筒是利用物体传送波的原理，把声波通过绳子传输出去，如果其中有物体阻断，声波会改变方向，声音就会受到影响
照片展示	 准备材料：纸杯，剪刀，牙签，线
成果评价 （家长填写）	除了准备材料之外，其他的都是由孩子们独立完成的，包括有三个听筒的三叉形状传声筒的制作，都是孩子们独立思考、独立实践得出的结果，虽然结果不理想，但是勇于创新的精神值得表扬！
成果评价 （教师填写）	

第二，展示性评价，一种有意义的项目实施方式。①班级展示：班级内进行竞选，挑选出优秀作品参与年级评选。②年级展示：班级优秀作品参与年级组内的竞选，再次挑选出优秀作品参加本次项目式作业展览会。③全校展示：根据年级组推出的优秀作品，学校提供平台让学生的优秀成果能在展览会上展出并编号，根据投票结果和学生现场展示表现等，评选出一、二、三等奖。

第三，真实性评价，聚焦多维学习目标，进行有指向的任务驱动。聚焦多维学习目标，如"'承重'之桥"指向数学学科的稳定性，要求学生建造一个可以承重的纸桥；"'霸王'之绳"指向科学的拉力；等等。项目式作业从语言、合作、实践、创新与思考五个角度设计简单易懂的评价内容，形式为自评与互评（表3-3-7），学生联系实际情况对自己和组内同伴进行观察，最后做出客观的评价。

表3-3-7　自评和互评

评价项目	评价标准	自评	互评
通用评价内容	将科学、艺术等知识熟练应用到作品中，作品符合项目作业要求	☆☆☆	☆☆☆
	作品外观、色彩、布局等方面美观	☆☆☆	☆☆☆
	作品具有独有的思考和创新的思路	☆☆☆	☆☆☆
体验后评价内容	"'纸'对你说"目中纸张纯度高	☆☆☆	☆☆☆
	"听声辨音"效果佳	☆☆☆	☆☆☆
	"'不倒'之塔"稳定性强	☆☆☆	☆☆☆
	"'霸王'之绳"拉不断	☆☆☆	☆☆☆
	"'承重'之桥"能力强	☆☆☆	☆☆☆
	"穿越纸环"能圈多人	☆☆☆	☆☆☆
	"隐形的字"真隐形	☆☆☆	☆☆☆
	"纸的艺术范儿"的设计样式多样化	☆☆☆	☆☆☆

6. 总结与反思

项目式作业的实施为学生创造力的发展搭建了平台，激发了学生的创造性思维。项目化作业的问题富有开放性和挑战性，极大地引发了学生与众不同的、有创造性的想法。项目化作业为学生创设一系列小问题，提供丰富的与学科相关联的内容材料，借助创造性支架和工具，引导学生多维度寻找解决问题的方法，经过动手解决、反复优化等一系列过程，实现学生发散思维和聚合思维的发展。

三、爬山虎研究院

依托学习驿馆，结合相关学科内容与特点，设立爬山虎研究院的实践学习活动，发展学生的科学与人文精神。

（一）爬山虎研究院的打造

由于学校墙砖大面积掉落存在安全隐患，需把瓷砖外墙全部改造成涂料外墙，结果造成了大面积绿植死亡。为了恢复绿色生机，需要种植爬山虎，却发现爬山虎爬不上墙，即便用了钉子、竹竿等辅助物也依旧无用。学生对此展开了大讨论。由此，融合学习与自然的爬山虎研究院就应运而生了。

一方面，爬山虎研究院是打通自然探索与人文视角的关键环节，可探索自然的奥秘及生命美学的意义，侧重全学科领域的整体学习。从知识角度看，各学科结合教材知识，设计学习活动，为学生形成对"特定事物"全科式、整体性认知提供思想方法，学生运用各学科知识对爬山虎进行"观照"。从情感态度与价值观角度看，学生每年都能感受爬山虎的生命历程。

另一方面，爬山虎爬满一整面墙壁，需要一年的时间，哪怕风吹日晒也始终奋发向上，这是问题探索者坚持不懈、潜心研究的精神品质的体现。爬山虎研究院引导学生观察与研究爬山虎，培养学生对自然的热爱和勇于探究科学的精神，树立东城二小学子敢于拼搏、勇往直前的创新精神与奋进精神。

（二）爬山虎研究院的构成

爬山虎研究院由爬山虎音乐墙、爬山虎种植墙和爬山虎研究区组成（如图3-3-5所示）。学校对校园内的三幢教学楼墙面，均规划种植爬山虎和其他爬墙植物，并选取1号教学楼的一楼拐角处设置爬山虎音乐墙和爬山虎研究区。

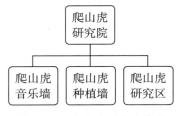

图3-3-5 爬山虎研究院构成

爬山虎音乐墙由《爬山虎之歌》和艺术创作灵感区组成，艺术创作灵感区内有各类艺术创作的学习指南，拓印、版画设计等创作的工具，还有学生创作的各式各样的爬山虎艺术作品。

爬山虎研究区内部放置剪刀、水壶、小铲子、镊子、卷尺、放大镜、显微镜、弹簧测力计等学习工具，墙壁上悬挂观察记录册和实验记录单，还设有一面问题墙。学生可随时进出研究区，选取所需工具对爬山虎开展观察、记录、研究，并在问题墙上开展进一步研讨。

（三）爬山虎研究院的实施

学校整合课程和跨学科主题活动，将与爬山虎相联系的各学科集中在一起，引导学生从科学与探究、艺术与人文、社会与实践三个维度，以"观察自然—引发思考—激发创造"为路径开展研究，形成一定的科学与人文精神。爬山虎研究院为学生的学习提供资源、工具类支持（见表3-3-8）。

表3-3-8　爬山虎研究院中的学习内容和驿馆支持保障

课程内容	学习内容	驿馆支持保障
科学与探究	认识爬山虎的各部分结构；了解爬山虎的品种及习性，知道三叶爬山虎和五叶爬山虎生长环境的区别，辨别真正的爬山虎；了解爬山虎的生命历程，观察和比较爬山虎的四季变化；了解爬山虎的种植方法，亲手种植、养护爬山虎；观察、记录不同种类爬山虎的吸附力大小，分析种植爬山虎对室内的降温作用	**学习资源**：爬山虎种植墙上的爬山虎和其他爬墙植物。 **研究工具**：爬山虎研究区中的放大镜、显微镜、弹簧测力计等。 **交流工具**：爬山虎研究区中的问题墙、展示互评墙、协作支持

课程内容	学习内容	驿馆支持保障
艺术与人文	在校园中选择合适的位置进行爬山虎写生；观察爬山虎叶子表面的纹理特征，学习用拓印的方式进行艺术创作；探究用水墨表现爬山虎的方法，构思并创作爬山虎水墨画；了解版画创作的方法与步骤，构思并创作爬山虎版画；欣赏大师作品，探究变废为宝的加工方法，用多种材料创作爬山虎作品，并用作品布置环境、美化环境；创作爬山虎的漫画形象；学唱《爬山虎之歌》，理解歌词的含义，并演绎爬山虎	**学习资源**：爬山虎种植墙上的爬山虎、爬山虎音乐墙上的《爬山虎之歌》。 **研究工具**：爬山虎音乐墙中各类艺术创作的学习指南，拓印、版画等创作工具。 **交流工具**：协作支持、爬山虎音乐墙中的展示互评区
社会与实践	品读叶圣陶的作品《爬山虎的脚》，理解爬山虎的人文内涵，创作爬山虎主题诗歌；以"我为爬山虎代言"为主题撰写演讲稿；创作"为爬山虎代言"的艺术海报；制订寻访计划并开展爬山虎人物寻访，布置爬山虎人物秀场	**学习资源**：爬山虎种植墙上的爬山虎、爬山虎音乐墙。 **交流工具**：协作支持、展示交流

　　课程学习章包括爬山虎科学章、爬山虎艺术章、爬山虎实践章。依据不同的爬山虎研究主题，制定相应的评价考核标准，开展星级评价（见表3-3-9），并以此为基础开展个人争章活动。

　　爬山虎科学章侧重于科学与探究，了解爬山虎的自然形态、生命周期以及生活习性等，主要依托教师课堂即时评价及成果评价两种方式；爬山虎艺术章侧重于艺术与人文，主要以绘画作品、歌舞等作品形式呈现，并采用"表演秀""推送式"的展示式评价，结合作品展、表演秀，将作品发布在微信群，让学生、教师、家长共享成果；爬山虎实践章侧重于社会与实践，要求学生理解爬山虎的人文内涵，寻访爬山虎式的人物榜样，学习爬山虎敢于拼搏、勇往直前的创新精神和奋进精神等，其评价方法主要侧重过程评价及成果评价。

表3-3-9　爬山虎星级评价

版块	主题名称	能力指标	星级评价
科学与探究	1. 了解爬山虎	利用多种感官或简单的工具，用语言、图画等形式初步描述爬山虎的特征	☆ ☆ ☆ ☆ ☆
	2. 观察爬山虎	是否能够通过一些植物的特征，辨别爬山虎的品种，具备运用观察与描述、比较与分类等方法得出结论的意识	☆ ☆ ☆ ☆ ☆
	3. 认识爬山虎结构	熟练运用感官和工具去观察爬山虎各部分的结构，完整记录观察发现，并通过亲自观察对事物有更多的认识	☆ ☆ ☆ ☆ ☆
	4. 种植爬山虎	是否能够了解爬山虎的种植方法，能否通过动手实践亲自种植爬山虎，体验科学探究活动的乐趣	☆ ☆ ☆ ☆ ☆
艺术与人文	1. 律动爬山虎	通过模仿学会爬山虎舞蹈动作的基本律动，在音乐中体验舞蹈带来的乐趣	☆ ☆ ☆ ☆ ☆
	2. 摹印爬山虎	通过观察与欣赏，了解爬山虎的纹理特征，用拓印的方法来表现爬山虎	☆ ☆ ☆ ☆ ☆
	3. 学唱爬山虎歌曲	用自然放松的声音唱好《爬山虎之歌》，并理解歌词的含义，基本完成副歌部分二声部的合唱	☆ ☆ ☆ ☆ ☆
	4. 设计爬山虎漫画形象	初步掌握漫画设计的手法，在创作中发现和挖掘爬山虎的美感，增强热爱艺术的情感	☆ ☆ ☆ ☆ ☆
社会与实践	1. 制作爬山虎海报	绘制出一张图文并茂、体现个性的海报，并运用多种方式美化海报，展示自我个性	☆ ☆ ☆ ☆ ☆
	2. 品读爬山虎	通过再读经典，感受爬山虎的精神	☆ ☆ ☆ ☆ ☆
	3. 我为爬山虎代言	掌握演讲的基本技巧，自信从容地进行演讲，树立自信，展示个性，培养责任感和拼搏精神	☆ ☆ ☆ ☆ ☆
	4. 寻找身边的"爬山虎"	通过采访，了解"爬山虎人物"的成长历程，通过秀"爬山虎人物"，学习他们的爬山虎精神	☆ ☆ ☆ ☆ ☆
总得　　星			

个人成长章（见表3-3-10）带有综合荣誉性质，从课程的学习上升到对个体成长的评价。"爬山虎少年"的评选在每年5月底进行，根据评选标准：激情、阳光、坚强、勇敢、奋进，通过"自主申报—公开演讲—师生投票—组委会认定"的流程，评选出本学期的"爬山虎少年"。

表3-3-10　个人成长章

类别	章目	评价说明
课程学习章		教师课堂即时评价、成果评价
		绘画、歌舞等作品呈现，展示评价
		过程评价、成果评价
个人成长章		综合评价

案例3：探究爬山虎是否能降低室内温度

1. 观察自然

学校种植了满墙的爬山虎，为教学楼增添了无尽的绿意。学生一下课就被爬山虎吸引，自觉观察校园中满墙的碧绿，探索大自然的奥秘。

2. 引发思考

人们为什么要种植爬山虎？爬山虎是否能在一定程度上会降低室内的温度？学生心中产生了疑惑。针对"爬山虎是否能降温"这一问题，五年级学生自由组成小组，链接科学学科，提出猜想，设计实验方案并粘贴在爬山虎研究院内。课余时间小组成员相约走出教室，聚集在爬山虎研究院中，浏览学习其他小组的实验方案，形成自己的修改意见并优化设计方案。

3. 持续研究

学生们选择校园内的爬山虎墙面，融入自然，定时、定点地认真观察和统计爬山虎温度的变化。下雨天、高温天气或周末，他们也从未间断，校园中随时可见五年级学生在一面面爬山虎墙旁讨论测量点的位置，或拿着电子温度计耐心地等待温度的变化，即使手已经非常酸痛，他们仍旧保持着原来的姿势，生怕影响实验结果。

4. 认真记录

学生认真记录每一次测量温度的结果，每一次测量均要经历三次实验，以保证实验数据的准确性。他们用红笔标注出误差相对较大的测量数据，并再次测量、记录。

5. 激活创造

经过漫长的等待，测量和记录的实验终于结束，学生迫不及待地走进爬山虎研究院，对比、分析其他小组的温度变化数据和规律。如果自己组的实验数据与其他组数据相差较大，他们会敢于质疑，说出自己的观点，敢于与其他组沟通，汲取经验，然后继续专心投入测量。他们似乎赋予了爬山虎新的生命力和意义，他们研究着、发现着、创造着，像科学家那样坚持不懈、潜心观察。五年级的学生不仅在实验中建构了"爬山虎可以适当降低室内温度"的概念，还养成了科学探究的品质。

6. 总结与反思

在爬山虎研究院中，科学研究不仅局限于爬山虎这类植物，学生走出教室，迁移概念、思维和能力，研究校园、生活中更多的植物是否也具备降温的作用，并开展植物降温实验。

在知识学习方面，从爬山虎植物的研究扩展到更多植物的研究，学生总结发现，植物是人类的好朋友，它们不仅能美化环境，还有制造氧气、降温的功能。在精神方面，学生与爬山虎共成长，逐渐养成爬山虎的那种自强不息、坚韧不拔、潜心钻研的创新精神。在责任心方面，学生有了一份保护植物的责任心，会更加爱惜自然环境。

第四章

精神驿馆：
指向"三爱"教育的实践育人图景

精神驿馆是指向以"精神血脉"涵养学生品格为追求的实践育人。以"场馆+活动"连通校内外，建设精神驿馆。精神驿馆创设了红领巾行动营、小脚丫研学社、红色画廊、清廉大道等学习空间；连接社会场馆、社区共享空间、线上德育馆，打造了"全天候""沉浸式"的精神学习空间，以"实践为重，价值为核"的理念建设育人体系，徐徐展开东城二小"三爱"实践育人施工图。以"现在看未来，未来看现在"的思辨，让学生扛起使命担当，面向世界。在一个个项目活动中，培养学生的民主参与意识、社会责任意识以及国家认同意识，从而实现爱校立场上的民主协商，爱城立场上的经典传承，爱国立场上的革命赓续，让每一个孩子成长在每一个时空的浸润中，成长在每一小步的学习体验中。

第一节　精神驿馆的理论阐述

人无精神不立。建设精神驿馆的目的是培养学生的精神生活能力，提升他们的精神面貌，以此培养和造就担当民族复兴大任的时代新人。从全面发展的角度来讲，关注人的精神富足并促进人的精神成长，具有鲜明的现实意义。基础教育阶段是一个人一生中行为品格形成的重要阶段，对学生精神品质的培养需要以各类活动为载体。在实践中育人，在育人中实践，实践与育人不可割裂。本节我们将阐述什么是学校的精神驿馆，如何通过活动推进精神品质的提升，如何开展教育活动，又如何指向人的精神提升。

一、精神驿馆：成长驿站的精神港湾

从个体的角度看，"精神性"主要指个体独特的精神世界，表现为个人精神生活的取向和质量。从团体的角度看，人的精神性总是有一定的归属，人们会根据一定的团体价值标准将自身的精神信念与相应的社会群体联结起来，从而构筑成维护团体利益的精神信念，且这种精神信念一旦形成和巩固，便会制约、影响个人的行为或思想。因此，人的成长必然需要关注精神的完整性和健康性。

（一）精神驿馆是成长驿站的精神载体

精神教育是对旨在促进人的精神世界发展，提升人的精神生活质量的教育活动的总称。在全面发展的教育中，如果缺失了精神教育，那人的成长必然是不完整的。面对科学技术迅猛发展带来的负面影响，人们从教育层面提出了精神教育的理念。在我国迅速迈向现代化的过程中，探讨并实施精神教育具有理论意义和现实意义。精神价值是个体价值的内在组成因素，精神驿馆连接班级、学校、家庭、社会，具备承载精神的功能，是成长驿站不可或缺的部分。

1. 精神驿馆强调人的精神属性

如果说学习驿馆指向提升学生学习的创新精神和创造能力，那么精神驿馆的目的就在于提高人的内在素养，在于提升人对生命价值和意义的理解与追求，在于培养有责任有担当的新时代接班人。在精神驿馆，我们指向学生理想信念、家国情怀、必备品格、关键能力的形成，注重对生命价值和意义的追求。个人的理想信念、家国情怀、品格塑造对于实现中华民族伟大复兴具有重大意义。古代先贤很早就认识到个人修身对于治国平天下的意义，个人是组成家庭和国家最基础的细胞。我们要培养爱校、爱城、爱国的社会主义接班人，发挥课堂教学的主渠道作用，把校园文化建设作为主要载体，并通过有效开展社会实践活动来实施"三爱"教育，培养学生的爱国主义精神。

在教育中强调精神教育有相当的必要性。以组织学生观礼阅兵式活动为例，当整齐的人民军队从天安门广场经过，有精神价值追求的学生能被人民战士所展现的精神面貌所感染，并强烈体会到崇高的国家荣誉感，由此激发努力学习和团结奋进的内驱力。

2. 精神驿馆呈现成长的精神方式

其一，精神驿馆开展心理教育、情感教育。人的心理健康是精神生活的基本表现，是其精神世界发展的前提，更是人们从事其他一切活动的内在驱动力。精神驿馆主要以"三轴两线"的校内外结合形式助推精神教育的发展。校内，学校以"心灵之家""队员空间""红色连廊"为三轴，构建学生的个体精神发展支架、个性培养支持体系，以及群体共学路径。同时，精神驿馆创设的环境、空间、展品设计等内容均可成为学生的学习资源。校外，学校并联"家庭线"和"社会线"，通过实地参观场馆、基地、名胜等地点，通过红领巾行动营、小脚丫研学社、红色画廊等途径，让学生站在历史发展交汇点上，让学生了解过去、面向世界、思考未来，实现爱校立场上的民主协商、爱城立场上的经典传承、爱国立场上的革命赓续，建立培育家国情怀的进阶通道。

其二，精神驿馆注重道德教育和生活教育。道德是社会或群体对个人的规范与要求，从表现上讲，是个人在精神上和行为上对社会要求所做出的反应或选择。因此，道德教育是通过个体道德生活的践履形成个人道德品质的过程。同时，精神教育指向生活，在待人接物、社会交往、学习发展、自我追求等方面引导人们体验一种积极向上、平静安宁、情趣丰足的健全人的生活。学校依托精神驿馆搭建起红领巾行动营、小脚丫走杭城、红色画廊三个平台，建立以学生为主导且社会力量共同参与、激励培育、交流提升三项机制。通过精神驿馆的结构空间、课程体系、以及系列活动，指导学生学会在真实情境中解决实际问题；培育学生的社会责任感，根植其家国情怀，坚定他们的理想信念；帮助学生养成自尊自信、理性平和、积极向上的社会心态。

（二）成长驿站彰显精神驿馆的价值旨归

精神驿馆是成长驿站的精神载体，成长驿站彰显精神驿馆的价值旨归，在思想道德、身心健康、艺术素养、社会实践方面都承载着重要使命。

1. 精神驿馆注重发展的精神提升水平

在精神驿馆中，学生的所有活动和经验都以使命担当为导向，指向精神的提升，实现人的完整发展。以"红领巾提案答复会"为例，学生需要从学校小主人的角度出发，发现校园生活中需要改进的小细节和可以解决的小问题，并通过团体合作研究、分组讨论等方式提出解决方案，落实提案汇报。此过程中，学生的站位立场、团队合作精神、校园主人意识均得到了体现和成长。校外，学校联通"家庭线""社会线"，针对第二课堂场馆开设菜单式主题研究活动，让学生在课堂中了解学习后，再到第二课堂场馆参观和学习，以获得精神提升的持续影响。

2. 精神驿馆追求成长的精神归属方向

在精神驿馆的教育成长体系中，基本出发点是学生个体，基本目标是提升个人的精神素养和生活品位，并在个人身上栽种理想和信念之花，使个人在履行服务于社会、奉献于他人的社会义务的基础上，能拥有个人独立的、个性的精神生活空间和品味。

英国学者罗宾逊指出，教育不能只强调学术能力，还应该培养孩子的8C胜任力（好奇心、创造力、批判性、沟通、合作性、同情心、沉着、公民性）。而这些能力在我们的精神驿馆中能得到很好的发展。在指向提升学生内在驱动力的精神驿馆成长机制体系中，所有的项目学习内容都来自真实生活情境，致力于解决真实问题，着力于提高个体自我实现能力。在每一学期的"小脚丫研学社"中，我们都设置了各类研学专题，让学生可以探究自然、体验生活、了解社会。如学生可以进入研学场馆，"揭秘钱王射潮"项目；参观海塘遗址博物馆，用课本剧的方式演绎自己对故事的理解。在此过程中，学生可以挑选自己的兴趣点、优势点，打破传统学习中整齐划一的一刀切教育，使得每个学生都能找到属于自己的发展路径，实现自己的精神成长。

二、精神驿馆的实质意涵

精神驿馆是进行精神教育的重要场所，它起于学校教育又不止于学校教育。具体而言，我们认为精神驿馆是从学校、家庭、社会三个教育成长场所中挖掘助推精神成长的因素，并将其有机整合，通过空间架构、项目实践的方式形成的助力学生精神成长的教育场域。在这里，学生的心灵得以休憩，成长资源得到支持，社会发展得到引导。

（一）精神驿馆是为学生提供心灵休憩的教育实践场域

精神驿馆关注学生心理健康的全面发展，学校潮大道的心理信箱，资源中心的心理专栏，每周开放的"心灵之家"，时时为学生提供心理健康支持；校园电视台、校园广播、学校宣传团队，处处都为学生提供心理疏导。一个学期，学校通常录制8次精神驿馆电视短剧，进行3次广播宣传，推送12次微信平台稿件。学生可以在精神驿馆找到心理慰藉，也可以为学校提供心理短剧的脚本，还可以参与精神驿馆心灵频道的录制。

以学校"心灵之家"为例，它是精神驿馆的重要组成部分，承担着疏导学生心理、建设心理团队的工作。学校建立了心理教师团队、沙盘辅导团队，每周固定时间开展心理咨询，可供学生、家长进行心理健康咨询。以学校一周安排表为例（见表4-1-1），学生可选择合适的咨询内容、咨询时间，自行前往。在一个学期里，心灵之家共接待"心灵天使"103人次，开展一对一心灵疏导89次，开展沙盘游戏52次，辅导家长开展家庭教育96次。

表4-1-1　心灵之家一周安排表

时间	周一	周二	周三	周四	周五
主题	让作业喜欢你	做个受欢迎的少先队员	我和爸爸妈妈的那点儿事	遇到挫折怎么站起来？	我的小秘密
内容	作业拖拉？碰上作业就头疼？是作业不喜欢你吗？我们来问问老师吧	和同学产生小矛盾了，不知道该怎么解决？心灵之家有妙招	和爸爸妈妈有哪些小故事想要跟老师分享吗？有什么话不敢跟爸爸妈妈说的？心灵之家可以做你的传声筒	人生没有一帆风顺，磕磕绊绊中有成长，挫折让我们找到正确方式站起来！越挫越勇！	心里的小情绪、小委屈、小愤恨，都来这里倾诉和排解吧。和烦恼说拜拜
教师	骆老师	王老师	黄老师	徐老师	姚老师

五年级的小金同学因父母对自己的忽视和对弟弟的偏袒来心灵之家咨询。随着一次次心灵交流、沙盘游戏、心灵剧场，小金从一开始的拘谨，到一年后的开朗，现在小金已经成了心灵之家的小助手。她目前负责接待前来寻求心灵慰藉的同学，收集和整理"心灵信件"，还参与心灵频道的录制。班主任和家长都为小金同学的这种变化感到欣慰。

（二）精神驿馆是为学生提供社会关联的教育引导纽带

精神驿馆连接社会，为学生提供相应的学习空间或有学习资源的场所。这些场所不仅包括博物馆、艺术馆等提供资源的场所，也包括茶艺、非遗手工等提供技艺的场所，还有面向未来职业体验、生活技能的场所。这些场所均为具有特定教育资源和一定教育价值的场所。

精神驿馆创设了一个真实的、有支持性的文化学习环境。学生在特定的情境脉络中学习，形成有效互动的学习氛围，凝聚成各种以个性、兴趣和爱好为核心的学习共同体。精神驿馆中创设的环境、空间、展品设计都可以成为学生的学习资源。学校针对第二课堂场馆开设菜单式主题研究活动。学生在课堂中了解学习任务、组织学习项目，从活动中获得经验，在经验积累中得到成长。

（三）精神驿馆是为学生提供榜样力量的教育支持资源

在学生群体中，榜样效应能十分有效地激发学生的内驱力。在精神驿馆的系列实践中，敢于担当和善于担当的学生榜样不仅在班级中体现，还在学校活动、少先队建设、项目化学习、潮小队活动中让师生感受到。三百六十行，行行出状元。在东城二小这个大校园中，孩子们也能找到属于自己的空间和归属，发挥自己的特长和兴趣。学校设置了"小水滴—水精灵—潮精灵—弄潮儿"这样层层递进的"弄潮儿"评价体系。在学校的"弄潮儿"荣誉墙上能看到十年来学校引以为傲的学生榜样们，在学校潮精灵积累榜上，能找到每个班的"水精灵"，这些孩子的笑脸在每一个入校的孩子心中都留下了一笔绚丽的色彩。在各项主题活动中，学生领悟到现在的学习与未来社会要求之间的密切联系，树立正确的人生观、世界观、价值观，激发求知欲望，正确认识自我，广泛了解社会。

每一年的红领巾招聘会上都汇集了各类英才：校广播电视台编辑、记者、主持人，校礼仪讲解队的"校宾"讲解员，校新闻中心的文创精英，国旗队的光荣旗手、指挥组长、校鼓号队荣誉会员……相应学生团队自行发布招聘海报，罗列招聘要求，组织协调招聘流程，开展面试工作，商定录取人员。在这些项目活动中，教师幕后指导，让学生迅速成长。每一个踏入招聘会的人，如家长、教师、领导，无一不被这隆重的招聘会震撼。这里的每一个小考官都有自己的粉丝和团队，他们带领着志同道合的同学在自己感兴趣的领域中成长。

三、精神驿馆的关键特征

王坤庆教授提出精神教育有三重含义：第一层次，最基本的层次，精神教育是心理教育、情感教育；第二层次，是处于现实社会生活中的人学会调适人与人之间的关系，故精神教育是道德教育、生活教育；第三层次，是对自我以及人的整体发展水平的升华与超越，故精神教育是审美教育、理想教育。在精神驿馆中，根据社会对学生的道德需求和学生自身的需要，有计划、有目的地开展以学生之间的外部协作或集体活动为形式的课程。这类课程包括：学校的升降旗仪式、主题班会活动、学校的传统活动、纪念日、艺术节、科技节、参观校外德育基地等各种社会实践活动，以满足学生精神教育的三个层次。

（一）体现精神的崇高性，涵养理想信念

在精神驿馆里，丰富的学习形式，多领域的学习内容，多角度的评价体系都聚焦学生的素养，推进学生的发展。在特定的情境设置中，激发学生学习动力，让学生学会主动学习，如在"小脚丫走杭城"研学旅行课程中了解更多杭州文化知识，引导学生进行探究式学习。这样做不仅让学生了解场馆所承载的史料和人文价值，还锻炼了他们的信息搜索、自我表达能力，更让学生进行了一定的社会角色体验，成为城市文化的宣讲者和传承者，向开创美好未来的社会实践主体迈进。在"红色画廊"中，学生将理想信念的种子播撒，进发更多坚定爱党爱国的信念和行动力。

（二）强调情感的内驱力，注重潜移默化

精神驿馆注重学习过程，通过以学生为主体的问题驱动、小队合作等方式解决问题，让学生在实践中学习、合作、总结，进而提升其使命感和责任感。精神驿馆实现情境学习和参与式学习，也能够突破教育地理位置和环境因素的限制，在潜移默化中发挥育人的作用。

（三）关注成效的持续性，形成个性品质

精神驿馆中创设的环境、空间、展品等均可以成为学生的学习资源。同时，引入的项目化学习方式，从始至终以问题驱动学生去思考、实践、总结、评价。在这样的学习活动中，更有利于培养学生的综合素养，形成持续的学习力。在完成项目的过程中激发学生主动探究的兴趣，引发情感共鸣，进一步坚定学生的理想信念，养成必备品格和关键能力，形成个性品质。

四、精神驿馆的价值目标

精神驿馆指向以使命担当为导向的胜任力与信仰力的培养，让学生成为责任担当者，以正确认识自我为出发点，贯穿"三爱"教育。培养学生民主参与意识，以主人翁姿态实践校园生活，实现爱校立场上的民主协商；培养学生的社会责任意识，以弄潮儿角色参与社会活动，实现爱城立场上的经典传承；培养学生的国家认同意识，以时代少年角色践行红色情怀。精神驿站的价值目标如图4-1-1所示。

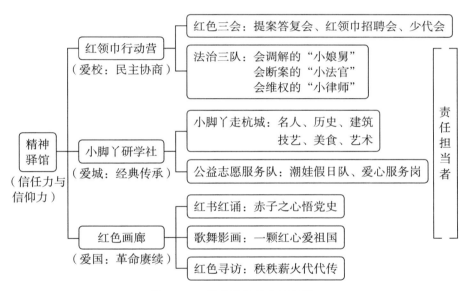

图4-1-1 精神驿馆价值目标图

（一）爱校：培养民主参与意识

《基础教育课程改革纲要》中明确，我们要将培养爱国主义精神、集体主义精神、爱社会精神、传承发扬中华优秀传统文化和革命优秀传统文化作为新课程的教育培养目标；我们要培养学生的社会公民意识和法治意识，让学生自觉遵守国家法律和社会公德；帮助学生树立正确的人生观、价值观；让学生以为人民服务为宗旨，成为具有社会责任感的人。新课程要改变传统教育理念的弊端，更要重视社会实践、生存能力和社会责任感的培养，进而让学生学会做人、学会做事、学会求知、学会生活、学会发展。

一直以来，学校从"担当"两字入手，以红领巾学院为载体，建设红领巾理事会、红领巾行动团等队员自治机构。通过红领巾学院的学习和教育让队员"使命在心"，通过红领巾理事会、行动团等具体实施路径让队员"责任在肩"，"担当在行动"。学校多方创设各个岗位，让队员充分自主自治，以小主人的姿态参与校园生活的方方面面。大队委员竞选、校园人才招聘会、文明监督岗、小记者团、小水滴电视台、小讲解队……无论是日常的训练管理，还是学校的大小活动，全部由队员自主管理和运作，他们参与具体事务，发现问题，寻求解决问题的方法，卷入式地参与到各校园"小岗位"活动中，真正发挥"小主人"的作用。

从第一届少代会开始，东城二小的少先队员不但负责少代会"提案"的撰写与发布，还以"提案答复会"的形式，监督并敦促学校各管理部门对提案进行反馈和落实。"我的学校我做主"，东城二小学子以小主人的姿态发声，为学校的发展和治理建言献策。到2023年，已经连续开展七届"提案答复会"，采纳的建议100%实现，真正体现了"学校自治"理念，有效培养了学生的社会责任感。

（二）爱城：培养社会责任意识

在杭州这个涵养着深厚历史文化的城市中，"家国情怀"处处得到彰显。其基本内涵包括家国同构、共同体意识和仁爱之情；其实现路径强调个人修身、重视亲情、心怀天下；家国情怀既与行孝尽忠、民族精神、爱国主义、乡土观念、天下为公等传统文化有重要联系，又是对这些传统文化的超越。小学生具有极强的可塑性，小学阶段也是进行家国情怀教育的最好时期，在学校弄潮儿文化的基础上，精神驿馆因势利导，充分利用杭城资源，让学生在社会实践活动中养成责任担当。

充分挖掘传统文化中的家国情怀素材，将会有力推动小学生家国情怀的培养。"小脚丫走杭城"研学旅行课程基于杭州本地的风土人情，根植家国情怀，确定了"名人""历史""工艺""美食""文学""建筑"等主题，包含了对家乡、民族、国家富强、人民幸福的情感，以及对国家的高度认同感、归属感、责任感和使命感。依据杭州市第二课堂场馆，选择适合小学生认知的内容，寻找场馆的共同属性，绘制出"走读网"，让主题序列化。"小脚丫走杭城"系列实践见表4-1-2。

表4-1-2 "小脚丫走杭城"系列实践表

名人	场馆	历史	场馆	工艺	场馆
苏轼	苏东坡纪念馆	5000年前	良渚博物院	油纸伞	中国伞博物馆
岳飞	杭州岳王庙	隋朝	运河博物馆	龙井茶	中国茶叶博物馆
胡雪岩	胡庆余堂中药博物馆	北宋	六和塔	织锦	都锦生织锦博物馆
钱王	钱王祠	南宋	御街	张小泉剪刀	中国刀剪剑博物馆
李叔同	李叔同纪念馆	清朝	孤山	中国扇	中国扇博物馆
于谦	于谦祠	民国	西湖博览会博物馆	官窑	南宋官窑博物馆
……					

一个地域的文化特色是与环境相融合的，具有地域特色的是生态、民俗、传统、习惯等文明。利用本土资源、开发校本课程、培养家国情怀这三者融合，有助于充分培养、增强和升华学生的家国情怀，也有利于在核心素养视角之下，提升学生的道德品质，促使小学生形成正确的价值理念以及道德标准等。

（三）爱国：培养国家认同意识

理想信念是人们对未来的向往和追求，是人们的政治立场和世界观在奋斗目标上的集中体现。《关于新时代加强和改进思想政治工作的意见》提到：推动理想信念教育常态化、制度化，完善青少年理想信念教育齐抓共管机制，培养德智体美劳全面发展的社会主义建设者和接班人。小学阶段是学生世界观、人生观和价值观形成的重要时期，对小学生进行理想信念教育是实现立德树人根本任务的重要路径之一。崇高的理想信念是一种强大的精神力量，它在激发人们的主动性和创造性、鼓舞斗志、振奋精神等方面发挥着至关重要的作用。

对于小学生来说，理想信念具有一定的抽象性，但红色文化所具有的情境性有利于强化学生对于理想信念的认知，进而提高教育的实效。红色文化一般以建筑、物件、影视、图片为载体，并且红色资源中的物质资源具有直观性。利用丰富的红色文化资源，"将理想信念教育由平面转为立体，由单一转向多维，由呆板变为鲜活，由封闭走向开放"。学习红色文化，能够让学生深切地明白坚定信念、树立远大理想不是空喊口号，而是要通过努力学习、付诸行动来实现。通过"红色画廊"展示学生红色精神学习成果，让课堂教学和实践教学相结合，由"灌输式"的理论说教变为直观的感受，能够让学生切身体会到红色文化中包含的革命精神，更加了解革命先辈追求理想、不怕牺牲、始终坚持共产主义信念的伟大精神，增强其对理想信念教育的认同感，并将学习成果转化为理想信念，从而内化于心、外化于行，提高理想信念教育的实效性。

第二节　精神驿馆的内容体系

　　义务教育新课程释放的改革信号，描绘了中国未来十年乃至更长时间的学校育人蓝图，强调素养导向、优化课程结构、突出实践育人。对教师教育教学提出新挑战：注重培育学生终身发展和适应社会发展所需要的核心素养，特别是在真实情境中解决问题能力的核心素养；优化课程内容与结构，加强与学生经验、现实生活、社会实践的联系；突出实践育人，强化课程与生产劳动、社会实践的结合，强调知行合一；以学生发展为主线，构建科学系统的评价体系等，为培养时代新人服务。学校通过实践，直指人的全面发展，构建实践育人模式，通过"一营、一社、一廊"，创建社会活动实践，培养学生的"三爱"品质，让学生成为爱校、爱城、爱国的新时代"弄潮少年"。精神驿馆内容体系见表4-2-1。

表4-2-1　精神驿馆内容体系

目标	二级标题	主要内容	主要载体
培养学生民主参与意识	自主合作遵纪守法责任担当	以小主人的担当姿态参与校园各岗位的工作，参与各决策的提出	红领巾行动营
培养学生社会责任意识	探究自然体验生活了解社会	借助杭州第二课堂场馆资源，模拟职业角色，对自己感兴趣的问题进行专题研究	小脚丫研学社
培养学生国家认同意识	坚定理想信念植根民族自信传承红色基因	全面构建爱国教育体系与模式，让学生从小就接受爱国教育，培养其爱国主义情怀，达到"心中有国，心中有家，心中有国家"的思想境界	红色画廊

一、培养学生民主参与意识——爱校立场上的民主协商

"让每一个孩子成为勇于担当和善于担当的弄潮儿",这是学校的育人理念。担当需要勇气,也需要能力和态度。一直以来,学校从"担当"两字入手,以红领巾学院为载体,建设红领巾理事会、红领巾行动营等队员自治机构。通过红领巾学院的学习和教育让队员"使命在心",通过红领巾理事会、行动营等具体实施路径让队员"责任在肩"。"我的学校我担当",东二学子以小主人的担当姿态参与校园各岗位的工作,促进了少先队干部队伍的建设,让队员参与各决策的提出,促进队员的可持续发展。

(一)基于责任感培养的精神驿馆建设

引导学生成为生活的主人。在社会生活领域,通过"大事小事民主议事"这一关键环节,引导学生参与社会生活,关注生活中的小事,聚焦问题,表达诉求,大胆说出想法和提案,培养学生的公民意识。

红领巾提案是学生以小主人的姿态发声,为学校的发展和治理建言献策。提案可以个人名义提出,也可联名提出,要求一案一提,即一份提案针对一个问题。这显著提升了小学生的社会实践能力,创造性地解决了真实情境中的复杂问题。同时也让学生认识到问题背后往往存在复杂因素,应当寻求科学合理解决问题的策略和方法。

通过少先队提案这一载体,队员发挥当家做主的主人翁精神,用锐利的眼睛捕捉学校热点,用智慧的头脑为学校献计献策。把学校的大小事情都看在眼里,让队员不但有一双发现问题的眼睛,还有一双解决问题的双手。一大批能观察、会聚焦,能分析、会思考,能演说、会表演的队员们正在成长,他们在活动中锻炼了多方面的能力,如研究性学习能力得到充分锻炼,自主自治能力得到充分发挥,"担当"的力量得到充分彰显。

(二)基于民主协商的学生自主自治

红领巾学院是学校少先队活动的组织,每年都会召开"两会"——"红领巾人才招聘会"和"红领巾提案答复会"(见表4-2-2),"两会"体现了东城二小少先队员校园小主人的担当。答复会上,队员们落落大方,有理

有据地表达建议，而各部门负责人认真聆听，倾心解答，仔细记录。通过多年的实践探索，学校从小培养学生民主协商、建言献策的能力，畅通民主渠道，形成了一套"学生提议案，学校来落实"的提案答复机制，通过提案、答复、办理、监督等形式，提升学生的综合能力素质。

表4-2-2 "红领巾招聘会"与"红领巾提案答复会"

组织保障	红领巾人才招聘会	"红领巾招聘会"由行动团各部门自主筹划、自主招聘。从招聘海报的绘制到考题设计、评分规则、现场分工等都反复商议。每年一次的招聘会，给队员们提供了展示自我个性的平台，同时也促进了少先队干部队伍的建设，促进了队员的可持续发展。 大队部每年组织一次校园人才招聘——红领巾招聘会，从2018年第一届红领巾招聘会开始，至今已开展七年。从2018年到2023年，"红领巾招聘会"的体系逐渐完善，内容愈加丰富，选拔更为专业
会议形式	红领巾提案答复会	作为学校生活"参政议政"的一件大事，从2017年到2023年，七届提案答复会学生共提出118个提案。从提案内容来看，7年来，围绕学校发展的不同维度，从最初关注日常问题，如图书馆开放、午餐菜品、社团活动等，到如今问题涉及学校教学、德育、后勤、体艺科、安全等多个方面，有许多还跟社会热点密切相关，聚焦问题多样。 2017年提出的错时放学、无"作业日"，2018年提出的学校模拟"嘟嘟城"、教室安装空调，2019年提出的开辟种植农场，2020年提出的增加校服款式，2021年提出的钱塘江毅行、举办校园诗词大会、建立少年警校，2022年提出的急救知识进校园，2023年提出的爱心雨伞驿站等提案均已实现

　　为了让队员充分发挥自主自治的能力，以小主人的姿态参与校园生活的方方面面，学校创建了文明监督岗、小记者团、小水滴电视台、小讲解队、国旗队、礼仪队……无论是日常的训练管理，还是学校的大小活动，全部由队员自主管理和运作，参与具体事务，寻求问题解决，卷入式地参与到校园各"小岗位"活动中，真正发挥"小主人"的作用。至此，"红领巾招聘会"也应运而生。

　　表4-2-3是七届红领巾提案答复会的内容概要。

表4-2-3　七届红领巾提案答复会内容

2017—2023年提案内容整理

第一届提案答复会		第二届提案答复会		第三届提案答复会		第四届提案答复会		第五届提案答复会		第六届提案答复会		第七届提案答复会	
部门	提案内容	部门	提案内容	部门	提案内容	部门	提案内容	部门	提案内容	部门	提案内容	部门	提案内容
教学	优化楼层图书角	教学	图书馆全天开放	教学	倡导午睡	教学	增设国学课堂	教学	成立天文社团	教学	举办知识竞赛	教学	市场大作战社会实践
	图书馆对外开放		运动会增加集体项目		推迟上学时间，延长课间时间		拓展古代文化		开设育迎亚运主题活动		建立"焕新漂流书屋"		有机肥，灌溉小菜园
	增加"无作业日"		及时更新书架书籍		学习国家版图		优化家长开放日		开设中医社团		开设篆刻课程		开设少数民族文化课程
	智能发展教学		延长吃饭、运动时间	德育	刷脸进图书馆		优化下雨天的体育课		开设校园诗词大会		开设劳动实践课程		武术进校园
德育	增加生物角		学校模拟"嘟嘟城"		增添流动书吧	德育	开启交换旧物集市	德育	"双减"政策下合理利用自主时间	德育	谁是最强大脑	德育	追随亚运足迹，走进亚运
	爱护公物	德育	丰富图书角		开展青春期知识讲座		开展校园法律知识识		创办小小水滴快报		建立"师生信箱"		法律进校园，建立小法院
	增加低段游乐区		校园文明行为		倡导远离电子产品		建立物品共享机制		毅行迎亚运，拥抱大健康		小农场种植中草药		开展"红领巾少年工"活动
	节约粮食		建立师生信箱		加强英雄教育		与周边进行产业联谊		开辟"红领巾劳动基地"		举行跳蚤市场活动		打造线上少先队网络空间
	设置失物招领箱		丰富校外活动	总务	勤俭节约，爱惜粮食	总务	垃圾分类		提升"护学岗"家长志愿者的引导作用	总务	设立校服公益站	总务	自觉抵制不文明行为
	课间文明		规范队礼		改善班级卫生		开展光盘行动，午餐剩饭管理	总务	解放双手，合理布置教室格局		让多媒体成为好朋友		打造"一米空间"社区红领巾综合实践基地
总务	厕所标语	总务	调整社团时间，丰富社团课程		垃圾分类，三色垃圾桶		增加牛奶、果品		开阔南门通道		合理利用菜园		设置爱心伞晒台
	爱护学校绿化		专用教室设备整修		爱护学校绿化		改善学校厕所		为校园植物做科普标牌		进校便携垃圾改进方案		翻新篮球场地面
	设置垃圾登记表		自由午餐或丰富午餐品	安全	评选最美环保班级	安全	更新电话系统		整改流物招领箱	安全	急救知识进校园	安全	预防近视，爱眼护眼
			增加教室空调设备		预防近视		增添冬季校服		增加下午点心		"过早校"同题解决	办公室	自行设计学校标识

二、培养学生社会责任意识——爱城立场上的经典传承

研学旅行活动能够让小学生感受家乡、祖国的大好河山和风土人情，受到优秀传统文化教育、红色革命教育，增强对家乡、对祖国的热爱之情。同时，在研学旅行过程中，学生动手开展研学实践，助力道德生长，让动脑能力、劳动和创新精神等素养得到提升。因此，研学旅行对学生的道德品质发展具有重要意义。

（一）小脚丫研学社：与历史对话

小脚丫研学社开设了丰富的春秋游课程，引导学生借助杭州第二课堂场馆资源，对自己感兴趣的问题进行专题研究，进而探究自然、体验生活、了解社会。学校将春秋游课程与第二场馆整合成特色学习项目，使主题驿馆的实践活动更符合新的学习要求。研学充分利用场馆资源，引导学生进行角色体验，不仅让学生了解了场馆所承载的史料和人文价值，锻炼了信息搜索、自我表达能力，还让学生进行了一定的社会角色体验，向培养开创美好未来的社会实践主体迈进。学校将学习空间延伸至校外，以共享空间理念让场馆研学更深入，将学校课程和校外课程资源相互衔接，让学生走出校门、走向社会，开阔眼界、拓展思维，全面提高综合素质。

（二）小脚丫研学社：与文化对话

2020年发布的《关于利用博物馆资源开展中小学教育教学的意见》中指出，要开发博物馆系列课程，创新博物馆学习方式，开设校内博物馆系列课程。2007年，杭州市政府印发了《杭州市青少年学生第二课堂行动计划》，提出学校要把组织学生参加第二课堂活动纳入学校工作计划。杭州青少年"第二课堂"场馆包括文博类、名人纪念馆类、故居类、革命烈士纪念类、文化科普类等71个场馆。

基于第二课堂场馆资源的特色课程群开发，利用假日活动构建"一场馆一课程"，场馆一方处于主导地位并提供独特的学习形态、资源，场馆与课程相互之间所形成的交互关系，决定着课程的内容和实施进展。主要整合综合实践活动、道德与法治、美术等国家课程及"我与杭州""人·自然·社

会"等地方课程为核心内容。重构社会实践活动，主要包含"自然·环境"实践考察学习领域和"历史·文化"课题研究学习领域。

表4-2-4是2021年秋游"寻访杭州味道"的项目化学习安排。

表4-2-4　2021"寻访杭州味道"项目式秋游学习单

年级	杭州味道	博物馆	公园	驱动性问题
1	定胜糕	南宋遗址陈列馆	河坊街	把福气吃进肚子里
2	葱包烩	岳庙	曲院风荷	人间最烟火，一卷葱包烩
3	东坡肉	苏东坡纪念馆	太子湾	千年一味东坡肉
4	叫花鸡	杭帮菜博物馆	江洋畈	泥中的富贵鸡，泥中的大商机
5	龙井虾仁	茶叶博物馆	龙井	龙井为何配虾仁？
6	西湖醋鱼	浙江博物馆	孤山	最是人间烟火味——西湖醋鱼寻"味"之旅

（三）小脚丫研学社：与责任对话

教育部、国家发展改革委等11个部门印发《关于推进中小学生研学旅行的意见》，要求学校应让广大中小学生在研学旅行中感受祖国大好河山，感受中华传统美德，感受革命光荣历史，感受改革开放伟大成就，增强对坚定"四个自信"的理解与认同；同时学会动手动脑，学会生存生活，学会做人做事，促进其身心健康、体魄强健、意志坚强，形成正确的世界观、人生观、价值观，成为德智体美劳全面发展的社会主义建设者和接班人。

研学旅行可以帮助学生了解国情，热爱祖国，开阔眼界，增长知识，增强社会责任感、创新精神和实践能力。研学旅行很好地衔接起校内教育与校外教育，是综合育人的有效途径，在培育和践行社会主义核心价值观上具有重要的价值和意义。

三、培养学生国家认同意识——爱国立场上的革命赓续

当前阶段，教师在日常教育教学过程中不仅要提升小学生的学习能力和学习水平，增强小学生文化、科学等方面知识的积累，还要积极培养小学生的爱国主义精神，确保每一名学生都成为新时期具有强烈爱国主义思想和家

国情怀的优秀"接班人"。在新时期教育教学大环境下，在小学德育教学过程中全面构建一种创新化、有效化的爱国教育体系与模式，能够让小学生从小就接受爱国教育，并且在头脑意识中具有爱国主义情怀，进而达到"心中有国，心中有家"的良好思想境界，让学生在未来能够肩负起振兴中华、实现中华民族伟大复兴的中国梦，让伟大祖国变得更加繁荣而强大。

当前在小学德育各个环节中全面培养和提升学生的爱国主义思想和爱国主义情怀绝不能拘泥于课堂教学，教师需要充分掌握和了解小学生的性格特点、学习兴趣与学习需求，进而积极组织各类爱国主义教育实践活动，全面提升小学生的爱国主义情怀与认识。教师可以利用节假日及寒暑假，组织学生到当地的一些抗战遗址、历史博物馆、英雄纪念碑、红色图书馆等"爱国主义教育基地"进行参观学习。在教师的引导和组织下，小学生通过亲身感受与切身体验，凝聚红色思想与爱国情怀，更加热爱伟大的祖国。

（一）精神驿馆之坚定理想信念

在理想与信念实践领域，通过红色根脉的内化与表达这一关键环节，引导学生了解祖国的苦难与辉煌，根植其爱国情怀。比如公祭日、航空日、海洋教育、抗美援朝、抗日战争英雄等，原先都是灌输给学生这些知识，现在通过任务驱动和活动体验，以及美的熏陶，潜移默化地植入爱国主义思想，并通过直观形象的招贴画、海报等艺术形式输出学生对爱国的理解。

崇拜偶像是青少年心理发展过程中相当普遍的现象。当年轻生命个体的认知、情感发展到一定阶段，便会对某个（某些）与自身相比处于高位或具有某些行为光亮的人产生仰慕心理，进而在思想上膜拜亲近，在行动上追随模范。教师需要清醒地意识到学生成长中这种崇拜行为的发生是无法规避的，要在精神驿馆中予以正确引导，帮助他们找到正确的方向，形成正确的世界观、人生观、价值观。

（二）红色德育课程的顶层设计

红色文化基因闪烁着中华民族一脉相承的精神追求、精神特质、精神脉络。学校积极开发并实施红色德育课程，包括红色经典课程、红色实践课程、红色节日课程、校本社团课程（见表4-2-5），将红色教育基因贯穿其中。社会及家长同步参与课程建设与实施，提高学生综合素养，厚植爱国主义情怀。

表4-2-5　红色德育课程

课程类别	课程内容
红色经典课程	红色经典故事或影片、演红色人物、唱红色歌曲、颂红色精神、发现榜样等
红色实践课程	红色小导游、红领巾广播、寻找英雄足迹、毕业季军营体验、重温入队誓词、红色研学等
红色节日课程	抓住中国人民抗日战争胜利纪念日、抗美援朝纪念日、国家公祭日等，通过国旗下宣讲意义、红领巾广播再现历史等开展特色专题活动，如红色故事我来讲、清明祭英烈等
校本社团课程	红领巾广播、悦读之声、红色小导游、合唱团等

第三节　精神驿馆的实践育人形态

精神驿馆讲求实践，以认知冲突为逻辑起点，通过质疑、辨析、磨炼达到"悟"的境界。这种"悟"就是自我觉醒、自我习得的体现。通过建立精神驿馆，开展"红领巾行动营""小脚丫研学社""红色画廊"等项目，让学生站在历史发展的交汇点上了解过去，思考未来。尊重学生成长规律，优化学习流程，通过"任务驱动—建立连接—过程推进—成果呈现"四个环节，充分发挥学生主动性，使其真正成为学习的主人。

一、自治·对话·表达：精神驿馆的空间建设模式

当教育资源从社会场域转换到学校场域时，需要经过教育的选择、加工、转化、再创造，让教育的逻辑与立场在过程中得以坚持。基于整体性、易达性、丰富性与适用性等原则，有序次、成体系地建设选址合理、大小合适、形式多样、功能完善的精神驿馆，与正式学习空间共同建构相辅相成的"学习空间连续体"，促进空间与课程、文化的深度融合，推进构建校园学习空间的新型学习链。

在实体空间上，我们变"教室"为"学室"，如小脚丫研学社，提升改造专用教室，向学习资源室和研究室进化，充分利用学校空余空间，如红色画廊、清廉大道等，提升育人能力；在创建共享空间上，充分利用校外和社区资源；在数字空间上，线上线下创设学习平台，让人工智能作用于学习场景，及时记录学习历程，完成学习画像和学生画像，为多元评价赋能，以评促学。整合适用的信息通信技术，也融合学校的办学特色与人文底蕴，以动

态性、过程性视角，聚焦不同的教育场景，配置相应资源并可灵活切换。

学校创建精神驿馆时设了3个校内物理学习空间——"红领巾行动营""小脚丫研学社""红色画廊"，还建设了1个线上学习空间——线上德育馆，以实现云端共享，满足学生自主学习、合作学习、探究学习的需要。采用线上、线下相互融合的方式展开协同教学，能够最大限度地发挥精神驿馆学习空间的使用效能。同时，学校还与杭州第二课堂场馆合作开展馆校共建工作，以此打造"校内学习、网上探究、校外实践"进阶链环的精神驿馆学习空间。

（一）校内学习方式：教育场景研学

在精神驿馆中，采用多种教学实践的方式，通过教师引领、学生自学、个人或小队寻访、参观展览等活动，让"教室小课堂""校园中课堂""社会大课堂"三者合力，深度融合。

教育场景研学采取"情境化研学+仿学"的方式开展。精神驿馆可以创设符合认知机制的问题情境，让学生从问题情境出发去探索如何解决问题；根据学习任务和目标，引导学习者主动对学习空间中的相关元素进行加工，从而形成丰富的活动形式，让学生在真实情境中获得体验，在潜移默化中提升能力。图4-3-1、图4-3-2是教育场景研学的示例。

图4-3-1　教育场景研学：
苏东坡太守府议事

图4-3-2　教育场景研学：
良渚博物院采访

（二）校外学习方式：真实场景研学

学生可以走出校园，自主选择和确定研究主题，参与社会综合实践活动，开展探究性学习与生活化应用。这样的实践既能对学生的学习成果进行检验，又能进行宣传和推广。如历史主题的"南宋风情今何在"，学生化身小导游，介绍瓦肆琳琅满目的商品与杂艺杂耍（如图4-3-3所示）。在另一历史主题"钱塘盛世运千里"中，学生研究大运河流经省市及沿途的地域特色，并自制大运河模型。

图4-3-3　真实场景研学：南宋御街非遗技艺

（三）线上学习方式：虚拟场景研学

虚拟场景研学采用"云上课堂展学+共学"的方式开展。学生进行"跨校"学习时，可以通过数字技术了解相关知识，也可以通过现场讲解、展示、表演等方式展开合作共学。

线上德育馆将空间学习成果搬到社会"大课堂"中。凝结着学生无数心血的作品在社会真实的大舞台上得到了展示，增强了学生对家乡文化的认同感和自豪感，提高了学生的自信心，激发了学生的创造力。同时，学生在交流的过程中，进一步开阔了视野，迸发出了对家乡、对祖国的热爱之情。

二、红领巾行动营：打造学生自主自治平台

对于"教育要培养什么样的人？"东城二小的回答非常清晰："让每一个孩子成为勇于担当和善于担当的弄潮儿。"这是学校的育人理念，担当需要勇气，也需要能力和态度。

学校从"担当"两字入手，以红领巾学院为载体，通过红领巾学院的学习和教育让队员"使命在心"，通过红领巾理事会、行动团等具体实施路径让队员"责任在肩"，"担当在行动"。创设各个岗位，让队员以小主人的姿态参与校园生活的方方面面。无论是学生岗位的训练管理，还是学校的大

小活动，全部由队员自主管理和运作，并积极解决问题，卷入式地参与到校园"小岗位"活动中，打造学生自主自治平台。

（一）红领巾招聘会：让担当的力量蓬勃生长

每年5月都会在东城二小的体育馆里召开"红领巾招聘会"。各个岗位的招募点前人头攒动，各支学生队伍为了招兵买马铆足了劲儿，自主自治，招募志同道合的小伙伴一起参与校园各岗位服务。从招聘面试、入岗培训到上岗担当，一场由学生团队自我策划和组织的红领巾招聘会燃情开启，真正发挥校园"小主人"的光和热。

我的学校我做主，红领巾招聘会为学校的队员们提供了展示自我个性的平台，东二学子以小主人的担当姿态参与到校园的各个岗位中，促进了少先队干部队伍的建设，促进了队员的可持续发展，同时也为学校的发展添砖加瓦。

1. 优化岗位设置，规划红领巾招聘

为了激发队员们参与管理的热情，学校特意为队员们搭设了参与岗位竞争的平台。"招聘会"由行动团各部门自主筹划、自主招聘。对各部门分工统筹安排，整合重复的工种，按需增设新部门，增设红领巾宣传栏，细化各部门队员职位，并根据需求通过招聘会吸纳新鲜血液，为建设梯队式少先队做好承上启下的准备。图4-3-4是红领巾自治机构框架。

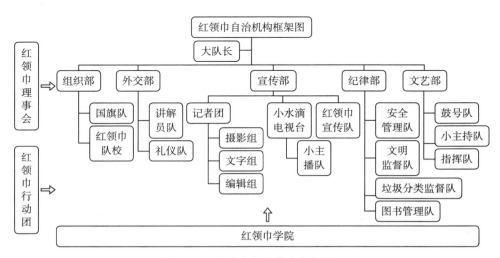

图4-3-4　红领巾自治机构框架图

为了招募到志同道合的小伙伴，红领巾学院于活动前组织各部门召开了会议。各部门细致商讨招聘细节，从招聘海报绘制、考题设计、评分规则到现场分工等都反复商议。每年一次的招聘会，给队员们提供了展示自我个性的平台，同时也促进了少先队干部队伍的建设，促进队员的可持续发展。

2. 完善岗前培训，规范常态化运行

队员在红领巾招聘会后，如被聘用，需在上岗前接受培训。各部门资深老队员根据岗位经验提前制订好《上岗手册》，设计好培训内容，对新队员进行每月一次或每两周一次的训练，做好培训记录，规范常态化的运行（见表4-3-1）。

表4-3-1 红领巾自主实践活动一览表

队伍	练习时间	练习地点	负责人
国旗队	周一下午大课间	升旗台	组织部部长、国旗队长 指导老师：王老师
礼仪队	周一下午大课间	室内体育馆	外交部部长、礼仪队长 指导老师：陈老师
讲解员队 （负责接待参观者）	周一早上大课间	学校（边走边练）	外交部部长、讲解员队长 指导老师：陈老师
小主持队	周二下午大课间	国际教室	文艺部部长、小主持队长 指导老师：王老师
指挥队	周一下午大课间	音乐教室、升旗台	组织部部长、指挥队长 指导老师：吴老师
鼓号队	周三早读前周五社团课	操场、国际教室	文艺部部长、鼓号队长 指导老师：王老师、外聘老师
小主播队 （负责电视台）	周一放学后社团课	国际教室	宣传部部长、小主播团长 指导老师：王老师
文字组	周一、周二中午休息时间	电视台	宣传部部长、文字组长 指导老师：王老师
编辑组	周二午休	电视台	宣传部部长、编辑组长 指导老师：王老师
摄影组	周二下午大课间	教室、操场	宣传部部长、摄影组长 指导老师：陈老师

3. 提倡以老带新，形成链条式实践

不断完善"手拉手"以老带新模式，从而形成链条式的实践模式。舞台就是最好的训练场，抓住每一次实践的机会，让尽可能多的队员参与筹划、执行，以实际岗位锻炼人才。

在以老带新模式中，各部门可根据实际情况，对部门队员进行灵活分组、抽查、PK等。以抽查部分为例，老队员或抽查过关队员归为A组，并为B组队员进行讲解，B组队员转而为C组进行讲解，C组队员再由A组抽查，把抽到的知识点再讲给A组听，以检查吸收效果。这样就形成了"一对一"的链条式闭环讲解圈，让队员们都有锻炼表达的机会，并在这个过程中发光发热，找到自信。此外，队员们在帮助他人的过程中又提升了自身价值，同时也增强了部门凝聚力。

4. 制定晋升机制，推进梯队式建设

通过多方评价，队员在接受提拔时，会得到一份有仪式感的聘任书。一方面，优秀队干部通过具有仪式感的晋升机制的锤炼，增强了自己的主人翁意识，也提升了综合素养。另一方面，在榜样的带动下，校内少先队员之间形成了浓厚的竞争氛围和"你追我赶"的精神。两个方面共同发力，以此推动队员整体素养的提升，有助于红领巾梯队的建设。

（二）红领巾提案：大事小事民主议事

在社会生活领域，通过大事小事民主议事这一关键环节，引导学生参与社会生活，关注生活中的小事，聚焦问题，表达诉求，大胆说出想法和提案。红领巾提案就是少先队队员通过少先队组织向学校及全社会提出的意见和建议。如图4-3-5所示，提案要求一案一提，即一份提案针对一个问题。提案可以个人名义提出，也可联名提出。红领巾提案答复会上，学校或者社会根据少先队员的提案做出回应，后期跟进并提出改进措施。这大大培养了小学生的社会实践能力，帮助他们创造性地解决真实情境中的复杂问题。

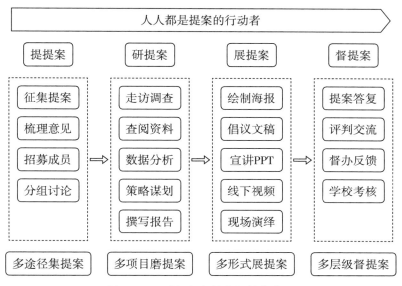

图4-3-5 "红领巾提案"操作流程

1. 以主人翁的姿态提出提案

队员从校园生活的热点或痛点出发，提出各自意见，并形成提案。为提出一份高质量的提案，队员们每学期开学初就着手筹备，通过招募核心成员，观察校园生活的热点和痛点问题，多途径征询和听取师生意见、梳理各方意见，而后各中队进行讨论，进而选出有价值的主题。队员们聚焦的问题比较多样，从最初关注的日常问题，如图书馆开放、午餐菜品增加等到学校模拟"嘟嘟城"、下雨天体育课、开辟开心农场等，还涉及社会热点，如"无作业日"等。这些提案涉及学习和生活的方方面面，无不体现出队员思考校园治理问题的深度和广度。如在第五届提案答复会上，队员提出：

"学校共有11棵李子树，13棵杏子树……有的果子只能观赏不能吃，能吃的建议举办分享仪式。"

"我们三（5）中队的提案是每学年举办一次'国学周'活动，上学可以穿汉服、行揖礼。"

每个提案背后都是一个个团队共同的"研究成果"。

167

2. 以研究者的姿态研究提案

每一份提案都是队员们化身研究者，合作开展项目式学习的成果。提案确立后，开始招募核心成员和智囊团，接着启动调查研究、数据统计分析和策略论证谋划，将一份小小的"提案"变成一次研究性学习，从而形成一个个切实可行的提案。

六（6）中队的队员对校园内的果树进行了调查和统计，发现全校共有28棵果树，分别是李子树、杏子树、柚子树、枇杷树、石榴树，他们的报告中不仅有果树的种类和数量，还有与果树一一对应的校园位置图示，对此，他们提出让校园果树发挥最大作用的建议。

3. 以建设者的姿态发布提案

为了表达自己的提案主张，队员们用多种形式开展宣传，如布置提案长廊广宣传，撰写调研报告促论证，演绎真实情境说问题。其中，提议增加冬季校服的六（5）中队队员们，还自主设计了一系列既契合学校潮文化，又符合青少年时代审美的不同校服搭配套装，以走秀的形式进行展示。

通过少先队提案这一载体，队员发挥主人翁精神，用锐利的眼睛捕捉学校热点，用智慧的头脑为学校献计献策。一大批能观察会聚焦，能分析会思考，能演说会表演的队员们在活动中提升了多方面的能力：研究性学习能力得到充分锻炼，自主自治的能力得到充分发挥，"担当"的力量得到充分彰显。

4. 以监督员的姿态督查提案

每一份提案都凝结着队员们的心血，饱含队员们的期望。答复会上，队员们化身小裁判，客观公正地对各部门的答复进行评判。面对学生的侃侃而谈，学校分管校长和各部门负责人认真聆听，仔细记录，对提案一一倾心解答。对于代表们提出的具有操作性的金点子，部门负责人积极采纳，并提出切实可行的改进措施；对于代表们提出的暂时不能实现的建议，也诚恳地说明现实情况，并承诺在力所能及的范围内考虑到队员们的需求。

提案答复会后，队员们还以监督员的身份，对提案的执行情况进行监督和评价，以提高提案的办结率。例如，周一下午的眼操音乐出现故障，队员第一时间就将建议反馈给学校相关部门，督促改进。

随着"提案答复会"的持续推进，自主自治的蓬勃力量在校园不断生长。午餐丰富菜品、教室安装空调、周三无作业日、推迟上学时间等提案已经先后实现，成了校园的现实图景，而更多的提案也成了各部门即将推进的工作。"旧物交换集市"作为被采纳的重点提案，于11月底正式开市。三年级的同学用自己闲置的玩具、文具、书籍交换到了心仪的物品，看到自己提出的提案成为学校有意义的活动，三（3）中队的队员们体会到了满满的成就感。第五届提案答复会，央视频、杭州少儿频道等众多媒体进行了宣传报道，小主人"参政议政"，得到了社会的积极肯定。"提案答复会"的持续推进，催生了学校自主自治的力量，锻炼了学生多方面的实践能力，一大批能观察会聚焦、能分析会思考、能演说会表演的学生正茁壮成长。

三、小脚丫研学社：与历史、文化、自然的对话

"小脚丫研学社"是基于学校地域特色，以春秋游为载体，绘制"走读网"，构建具有杭州本土性的场馆研学课程。师生在一个真实情境下，共同围绕驱动性问题，对杭州市第二课堂场馆相关内容展开为期一个月的主题研究。链接场馆，旨在通过深入学习和项目发布来激发学生更加浓厚的学习兴趣，借助"行走德育"，在社会大课堂中达成"行有所悟，德有所立"，进而根植家国情怀。在历史与文化实践领域，通过"与历史、文化、自然的对话"这一关键环节，让学生汲取传统文化的精神营养，培养学生的胸怀、情趣、格局等，落实地方课程，培养家乡情怀，并加深学生对家乡地域环境、历史环境的了解。引导学生借助杭州第二课堂场馆资源，对自己感兴趣的问题进行专题研究，探究自然、体验生活、了解社会。

（一）机制建构：基于全员，联结"校内"与"校外"

根据不同的分工，德育处、年级组、班主任、学科教师以及学生在该课程项目式学习各个阶段中都承担着不同的任务。德育处组建研学团队，年级组设计研学任务，班主任组织学生分组，学科教师搭建学习支架，学生实施学习任务，师生、家长开展学习评价。图4-3-6是"春秋游"项目框架。

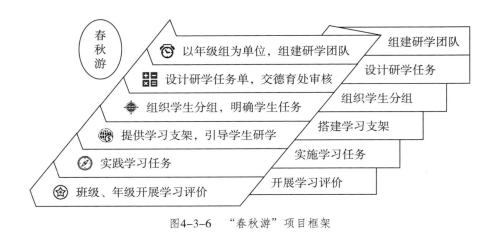

图4-3-6 "春秋游"项目框架

1. 德育处组建研学团队

德育处召集年级组长会议，以年级组为单位组建团队。该团队包含班主任、学科教师。德育处发布主题，组织项目论证，进行项目推进管理以及做好最后的项目整理与反思。

2. 年级组设计研学任务

年级组长召集本年级组老师和学生展开讨论，设计项目学习计划，组织师生推进项目，做好项目的梳理与提炼，开展项目成果汇报。

3. 班主任组织学生分组

班主任发布驱动性问题，学生根据感兴趣的任务自由组成小组。学生分工协作，班主任适时给予指导。

4. 学科教师搭建学习支架

学科教师寻找学科链接点，进行跨学科研讨，为学生搭建学习支架，进行过程性材料收集，适时指导学生。

5. 学生实施学习任务

学生通过调查、访问、查找资料，实施校内与校外的学习任务，完成项目发布。

6. 师生、家长开展学习评价

根据项目成果及成果发布，实施多方评价。

（二）开发路径：基于提升，开展多层次研讨

"小脚丫走杭城"研学旅行课程经过德育处系统规划后，由年级组长负责开发实施，由年级组长组织组员设计方案，经历两次论证，加之成果汇报期间的多层次研讨，形成一个完整的课程开发过程，其中论证是保证项目有效开展的关键。

1. 双论证

年级组长组织本年级组的老师和同学，围绕主题创设适合学生年龄特征的具体情境，进而开展项目整体设计并形成方案。设计完成后，德育处进行项目论证，项目论证关注的内容主要是目标、内容、活动、情境和评价。专家组成员对项目提出改进措施，年级组再次对方案进行修改并论证，论证通过后方可实施。"内容"回答学什么的问题，"任务"（活动）回答怎么学的问题，"情境"回答在什么氛围学的问题，"评价"则回答学得怎么样的问题。

2. 成果汇报

项目结束后，召开"课程成果发布会"，每一位年级组长将学生在课程学习中的作品进行展示。成果汇报使评价不再只是一个结果，而是一个过程，一个多向互动、多向反馈和多向影响的过程。实现评定与课程、教学的整合，使课程、教学、评定这三者之间呈现出一种新的循环回路的动态关系，从而不断丰富和发展我们的学校课程。

（三）研学实践：项目化实施，解决真实问题

"小脚丫走杭城"研学旅行课程以项目化学习的方式开展，整个过程经历了项目确立、项目探究、项目发布、项目评价四个过程（如图4-3-7所示）。年级组长组织本年级组的老师和学生，围绕驱动性问题，打通学科，开展主题项目研究，激发学生的合作探究能力，让学生获得更多的知识和技能。

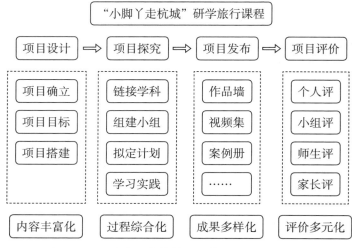

图4-3-7 "小脚丫走杭城"研学旅行课程操作流程

1. 研学项目设计，设计系统化

一般来讲，项目内容需要从现实基础、学生兴趣、课程标准三个方面的交汇点来思考。

（1）学生兴趣

选择的场馆内容对学生来说既有已知或熟悉的内容，也有未知、不了解的内容，可以引发学生的探究兴趣。

名人主题中关于苏轼主题的确立具有代表性。提起西湖，不得不提的便是北宋杭州"市长"——苏东坡。六年级教师根据教材及文学积累，初拟苏东坡为代表人物。"宋代杭州市市长""唐宋八大家之一"这些头衔引发了学生的探究兴趣，那么与宋代杭州市市长新闻"面对面"这个驱动性问题自然就应运而生了。具体驱动性问题为：苏轼即将任满到期，你作为一名东二小记者，有机会与宋代杭州市市长面对面，对苏轼做一个专访。

案例分析：项目的产生经历了从方向到主题再到项目，不断往回重塑的倒推过程，最终确定为"与宋代杭州市市长苏东坡'新闻面对面'"。驱动性问题的提出，源自师生对苏东坡的认知以及未知。学生已经积累了一部分苏东坡的诗歌，对苏轼这个人物也比较熟悉，因而再次从他的生平、仕途、著作、纪念馆等途径深入地了解这个人物，学生的兴趣就会很浓厚。这是一个真实情境下的问题，最终呈现为学生现场采访"苏东坡"，无论是"苏东坡"本人，还是"记者"，或是台下的"观众"，都需要对苏东坡有深入的了解。这个了解来自教材、课堂、合作学习、场馆参观等，需要学生亲自经历现场调查、查阅文献、收集资料、访谈相关人员、分析研究、创造性设计、动手制作、修改美化等一系列活动，解决一系列相互关联的问题，最终呈现一场现场采访。

（2）现实基础

依据学校绘制的"走读网"，结合各个年龄段的特点，自主申报符合学情的场馆，进行相关内容的设计。

在工艺主题中，一年级组第一次论证提出的驱动性问题为：有392年历史的张小泉剪刀通过新媒体成为行业的"新网红"，请你为张小泉剪刀做一个销售庆功会。从内容上看，销售庆功会的商业化气息过重，并不适合学生；从活动对象看，一年级学生来做销售庆功会，显然并不合适。因此，该方案在第一次论证中被否定。年级组明确目标，再次进行修改，提出驱动性问题："百年老字号"张小泉剪刀近日将进行"匠心百年，泉家有剪"体验节活动。请你以主办方的身份，感受、研究、展示、分享张小泉剪刀。

其项目目标表述为：①了解杭州的制剪工艺、磨剪工艺和经典的剪刀样式及其原理。②设计一些新的剪刀样式来解决实际困难，培养学生观察生活、热爱生活的能力。③学习如何对比剪刀的价格，提高货比三家、精打细算的管理能力。④感受和传承"坚韧不拔的创业精神、敢为人先的创新精神、诚信守法的法治精神"等浙商精神。

案例分析：上述项目"感受、研究、展示、分享"的目标明确，通过体验节的情境，培养学生的兴趣。围绕"体验节展位"，共设置了六项展位内容："百变花样"——了解剪刀的经典样式和用处、"独门秘方"——不同用途的剪刀包含着哪些科学道理、创意无限——自己设计一把剪刀、"磨剪子喽"——探究磨剪子的部位、"金金"计较——分析不同购买渠道的价格并选择合适的方案、"匠心百年"——感受浙商精神。

（3）课程标准

项目式学习是跨学科、跨教学、跨空间的学习。研学旅行活动本身就是一次综合性学习，它涉及语文、数学、英语、科学、美术、音乐等多个学科；教学方式多样，有传统的课堂样式，也有"新闻采访"这样的课堂新形式；课堂不再局限于教室，要培养的是学生的思考技能、探究技能、审美技能、社交技能。因此，项目内容的确立经历了从方向到主题再到项目，不断往回重塑的倒推过程。

经过了第一个学期为期一个月的实施，学校在第二次春游时继续以"杭州名人"为主题，进行以苏东坡为主题的学习。六年级年级组经过师生讨论，提出了以下驱动性问题以及对应项目产品（见表4-3-2）。

表4-3-2　苏东坡主题项目结构

项目主题	杭州遇上瘟疫：宋代太守府议事				
驱动性问题	北宋时期，瘟疫频发。面对来势汹汹的瘟疫，杭州太守苏东坡召集知县、知府以及各部门官员商讨抗疫对策				
任务驱动	苏轼上书朝廷	户部统计伤亡情况	礼部倡议官绅捐款	礼部发布告示	都亭驿防疫宣传
项目任务驱动内容	苏东坡撰写劄子，上书朝廷，告知目前杭州的状况和应对瘟疫的策略，并寻求朝廷的帮助	掌管全国户籍的户部着手调查杭州瘟疫的死亡率和区域分布情况，为抗疫、防疫做好数据铺垫。在没有大数据的宋代，户部又是如何调查的呢？	瘟疫对杭州经济产生巨大影响，百姓流离失所，同时，抗疫工作需要大量的人力、财力，因此礼部制定倡议书，倡议富豪们捐款捐物，齐心抗疫	瘟疫具有强烈的流行性和传染性，百姓人心惶惶，因此礼部制作告示海报，安抚人心，并告知百姓居家防疫的措施	宋代经济发达，当时有许多来自东南亚、波斯和阿拉伯地区的传教士和使节，都亭驿制作外语宣传册，让传教士和外国使节了解瘟疫情况，做好防疫措施

续 表

学习方式	资料研究 独立创作 小组合作	云小组合作	资料研究 独立创作 小组合作	资料研究 独立创作 小组合作	独立创作 云小组合作
对应项目产品	劄子 （奏折） 并宣读	伤亡分布 统计图	劄子 （倡议书） 并宣读	告示并宣读	英语宣传手册
对应关键能力	应用文 写作 表达能力	统计分析能力 空间布局能力	应用文 写作 表达能力	应用文 写作 表达能力	英语写作 表达能力
对应项目评价	过程性 评价 结果性 评价	过程性 评价 结果性 评价 小组 评价	过程性 评价 结果性 评价	过程性 评价 结果性 评价	过程性 评价 结果性 评价

有了第一轮的资料准备，第二轮的研究切入点更为深刻，并且结合2021年的疫情，回溯历史上北宋时期的瘟疫，提出驱动性问题——"疫情下的杭州，北宋市长苏东坡如何做"，引发学生的深度研究学习。在操作过程中，根据北宋衙门的设置开展议事。驱动性问题提升了活动的真实性，激发了学生的兴趣。

2. 研学过程推进，体现综合化

（1）链接学科

围绕驱动性问题，确定与各学科内容的链接点，找到本项目学习的知识点与技能训练点。项目式学习一定是跨学科学习，需要各科教师协调教学。教师一方面需要准确把握本学科课程目标和教材内容，另一方面也需要了解同一个项目内，不同学科综合、关联、渗透、交融的可能，进而对现行教材进行新的梳理、解构、组合，进行跨学科协调教学。

以"宋代杭州市市长新闻面对面"项目为例（如图4-3-8所示）。

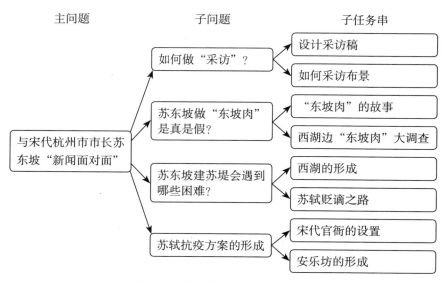

图4-3-8 苏东坡主题项目问题示例

项目学习过程重视学生的发现、参与，指向学生整体思维、实践思维和创新思维的发展。在高定位的同时，采用丰富的资源包，通过组织系列切实的活动支持学生的思维发展。为保证实施效果，特制订出项目式学习推进表（见表4-3-3），利用午谈、班会、假期等时间进行相关内容的学习和实践。

表4-3-3 春游项目式学习推进表

周次	推进内容	链接学科	推进人（教师）	呈现方式	实施时间
第1周	小组制订采访问卷	数学	数学教师	问卷	课后
	小组制订采访问卷	英语	英语教师	问卷	课后
	欣赏《但愿人长久》	音乐	音乐教师	聆听歌曲	音乐课
	"东坡肉"制作流程	科学	科学教师	纸质记录	周末
	苏轼诗词梳理（分类）	语文	语文教师	诗词、赏析、配画	寒、暑假

续 表

周次	推进内容	链接学科	推进人（教师）	呈现方式	实施时间
第2周	学唱《但愿人长久》	音乐	音乐教师	演唱	音乐课
	小组采访调查	数学	数学教师	采访视频、照片	周末
	小组采访调查	英语	英语教师	采访视频	周末
	苏轼诗词诵读	语文	语文教师	诗词朗诵	晨读
第3周	演奏《但愿人长久》	音乐	音乐教师	演奏葫芦丝	音乐课
	西湖生态研究	科学	科学教师	纸质记录	课后
	小组整理资料、PPT	数学	数学教师	文档、PPT	课后
	小组整理资料小报、PPT	英语	英语教师	小报、PPT	课后
	苏轼在杭州的事迹梳理	语文	语文教师	课堂呈现	午休
第4周	综合演绎	音乐	音乐教师	表演	音乐课
	小组汇报	数学	数学教师	课堂汇报	班队课
	小组汇报	英语	英语教师	课堂汇报	班队课
	小报制作或《我眼中的苏轼》习作	语文	语文教师	小报、习作	班队课

（2）组建小组

小组是合作学习的最小单位。项目探究的第一步是组建学习小组。班主任发布项目后，有相同兴趣的学生自发组成小组，每个小组不超过8人。根据学习内容及发布项目，小组内部进行任务分工，并各自准备资料，进行制作及分享。

（3）拟订计划

每个小组在驱动性问题中寻找自己的项目，在教师的支架式帮助下，拟订好自己小组的项目计划，包括项目描述、关联技能、关联学科、项目步骤及项目评价。"采访苏东坡"小组项目的主要思路就是教师提供支架（见表4-3-4），进而引导学生自主探究。

表4-3-4 "采访苏东坡"项目概览

驱动性问题	与宋代杭州市市长苏东坡"新闻面对面"		
项目描述	苏轼即将任满到期,你作为一名东二小记者,有机会与宋代杭州市市长面对面,要对苏轼做一个专访		
主要关联技能	思考技能、探究技能、审美技能、社交能力	主要关联学科	语文、历史、美术、道德与法治
项目目标	1. 学会采访的基本礼仪和基本要求,能够自然、大方地面对摄影机进行采访和交流对话。 2. 了解苏东坡的生平及其对杭州的贡献,感悟苏东坡一心为民的精神品质		
作品表现方式	综合演绎,制作成视频		

项目步骤	教师支架
谈话课:收集、分享资料,提出问题,师生共同研讨,确定项目研究主题及作品呈现方式	提供苏东坡的生平事迹补充资料,组织苏东坡人物探讨活动
准备课:针对研究主题,进行资料搜集,为新闻面对面做好相关材料准备	组织小组汇报,指导新闻采访的基本礼仪和要求
场馆走访:参观苏东坡纪念馆,查找补充资料及采访专业人员	组织学生场馆参观活动
模拟采访:在校园电视台中,模拟采访"苏东坡",了解苏东坡对杭州的贡献,感悟苏东坡一心为民的精神品质	提供设备器材,组织"新闻面对面"采访活动

项目评价	评价表(小组互评)		
	参评小组:第( )小组 评价小组:第( )小组		
	评价要素	星级	
	主题明确		
	仪态大方		
	演绎自然		

学生档案袋资料收集	海报作品、视频资料

（4）学习实践

春游项目式学习为期一个月，分四个阶段进行学习实践（见表4-3-5）。

表4-3-5　春游项目式学习概览

时间	课型	内容	课时
第一周	先导课程	通过谈话课、阅读课，收集、分享和苏东坡有关的资料，提出自己感兴趣的话题，师生共同研讨，确定项目研究主题，并拟定初步的计划	1课时（午谈课）
第二周	专家课程	任课教师针对研究主题对学生进行专业化培训，答疑解惑，并结合资料拓展补充，为成果发布做好相关材料准备	学科+（语文、数学、科学、英语、信息、美术、音乐等）
第三周	研学实践	结合小组的项目，实地参观走访苏东坡纪念馆，查找补充资料，并可趁此机会采访场馆专业人员	4课时（半天活动）
第四周	成果发布	"新闻面对面"现场	1课时班会课+

第一阶段，先导课程。要和宋代杭州市市长面对面，首先必须了解苏轼，学生的学习积极性很高，有的上网查询，有的通过书籍查找，更多的是从苏轼的作品着手。课堂上对苏轼作品进行解读，学习苏轼经典散文《记承天寺夜游》，分析文章之起承转合，梳理作者心境。课后，学生自主选择苏轼的作品进行深度解析，内容涉及写作背景、作品赏析、精心配画等；也有学生对苏轼的诗词进行比较研究，深入分析作品内容、作者心境等。这些优秀作品在班级里、年级中分享，让大家对苏轼有了更全面的了解。

第二阶段，专家课程。初次了解后，我们设计了一份"走近苏轼"项目式学习单，对驱动性问题做了小问题分解，如"苏轼是如何治理西湖的？""苏轼还为杭州做了哪些贡献？"由学生自主完成。优秀作品由作者上台进行展示介绍，学生的信息整合能力、语言能力再次得到提升。

第三阶段，研学实践。有了前期的准备，学生对苏东坡有了一定程度的了解。结合小组项目，学生实地参观走访苏东坡纪念馆，查找补充资料，并借此机会采访场馆专业人员。在这个观察、学习、沟通的过程中，可能会有新的问题产生，小组可以归纳、记录新的问题，通过讨论、实践和求助等方式来解决，引发多角度的社会互动，促使学生在社会互动中自主建构知识。

第四阶段，成果发布。通过小报的方式呈现苏东坡的人物简介，做到图文并茂；通过制作PPT进行小组汇报，探讨苏东坡事迹；模拟采访的布景涉及美术，以绘画海报的形式呈现；东坡肉的制作则是实践操作，以视频、照片等方式记录过程；最终进行"新闻面对面"，开展模拟采访活动，在校园电视台中，模拟采访"苏东坡"，了解苏东坡对杭州的贡献，感悟苏东坡一心为民的精神品质（如图4-3-9所示）。

（a）　　　　　　　　　　　　　（b）

图4-3-9　苏东坡主题项目现场照片

3. 研学成果布展，呈现多样化

项目式学习以项目展示为最终环节，在展示中，学生运用了沟通技巧、写作技巧和创新技巧。大多数情况下，项目作品不是以单一形式出现，而是多种形式作品的整合。所以，成果展示是对项目发布进行评价前的一个必不可少的环节。下面以"名人"主题为例。

"新闻面对面"通过模拟采访、现场演绎的方式进行，最终以视频的方式留存及分享，前期还有小报展示、微信发布、小组汇报、现场发布等方式。

"宋代太守府议事"通过模拟宋代太守府议事的方式，学生化身为苏轼及各部门官员，为防疫一事各司所职，积极建言献策。

杭州今年发生旱灾，又逢瘟疫四起，百姓苦不堪言。加上奸商囤积粮食、哄抬物价，百姓处于水深火热之中。民不安，则国不安。今日召集各位，商讨对策，如何应对瘟疫、旱灾、奸商？不知各位有无良计？请大家畅所欲言。

——小语饰太守

据下官了解，瘟疫流行以后，许多奸商看准商机，哄抬物价，压榨百姓。对此恶劣行为，应立即采取措施:派人去市场收集平日里奸商不法贩卖的证据；好好整顿市场，平抑物价；劝导官员不迷信，不要认为瘟疫是从天而降的，而躲在官府里无所事事；要尽快把与奸商有关的官员名单上报朝廷！

——圣壹饰县丞

下官建议太守大人划区而治，根据百姓生活习惯，将城内百姓划分成若干个区域，各自封闭，形成一个小城，人员互不流通，一切生活物资皆由杭州府的衙役、捕快统一配送。同时封闭城池，关闭城门，无关人员不可进也不可出，并出榜安民，告诫百姓不与发病者接触。

——东成饰县尉

下官建议太守划出一块专门的区域，建造一座医馆，救治百姓们，并且把城里所有感染瘟疫的人送到医馆进行集中治疗。此外，下官还建议大家搜集各种治疗瘟疫的药方、药材。

——怡茹饰县主簿

通过展示项目成果，各项目小组之间进行了有效的信息交流和传递，学生可以和他人共同制订评价标准，客观地参与项目作品和项目最终效果评价，也可以更理性地对自己参与活动的表现进行反思。

4. 研学项目评价，呈现多元化

"小脚丫研学社"场馆研学课程的评价是一种参与式、开放式的评价。学生不仅是被评价的对象，也将成为评价的主体。评价的标准和结果是开放的，我们有为特定场馆的内容设计制订的研学手册，形成过程性评价，也会通过小水滴电视台节目展演进行展示性评价。

（1）多元促评：基于多维内容和多个主体的创设，完善评价结构机制。

"小脚丫走杭城"依据多维内容和多个主体进行评价，为游戏评价建立起完善的评价结构机制，呈现出评价内容和评价主体的多元化。

第一，评价内容多元化（见表4-3-6）。根据小组汇报类、作品展示类、综合演绎类、实践操作类四种类型，设计出与其相对应的评价内容，使得评价更加精确有效。

表4-3-6　多元促评

类型	评价主体	评价内容
小组汇报类	教师、同伴	1. PPT主题明确，制作精美，内容丰富。 2. 汇报者口齿清晰，语言流利顺畅，仪态大方
作品展示类	教师、同伴	主题明确，板块清晰，布局美观
综合演绎类	教师、同伴	主题明确，仪态大方，演绎自然
实践操作类	家长、教师	主题明确，操作规范，成品色香味俱全

第二，评价主体多元化。评价主体的多元能够从不同视角给予项目客观可靠的评价。在上述项目学习过程中，教师、家长、同伴之间进行多方评价，有利于学生达成项目学习目标。此外，活动结束后进行的自我评价和小组评价，也进一步提升了评价的全面性和有效性。

（2）过程展评：基于即时性评价和档案袋记录的生成，注重形成性评价。

学校重视学生过程性评价，关注学生在项目学习中的参与度、积极性、合作性、创造性等。教师把握好项目目标，在项目组织过程中，尤其注重即时性的评价。根据评价内容的不同，小组汇报类、综合演绎类的内容以小组为单位，在项目组织时采用拍照、摄像、评价单等形式进行即时评价；实践操作和作品展示类的内容，通过过程性展示，以及收入"档案袋"的方式进行即时评价。在上述评价内容多元化的基础上，实行量化评价。具体来看，制订了《研学活动手册》，基于"场馆""活动""个人锻炼"三大主题下的十三个问题项维度，按照1~5的分数进行评分，参与活动的教师、学生、家长均可进行打分（见表4-3-7）。

表4-3-7　过程展评

项目	评价内容	分数（打√）				
场馆	场馆为我的学习生活提供了很好的环境	5	4	3	2	1
	场馆内设施齐全，能够为我提供帮助	5	4	3	2	1
	展览馆馆藏丰富，内容齐全	5	4	3	2	1
	讲解员专业知识丰富，对我有帮助	5	4	3	2	1
	场馆中的多媒体设备能够帮助我学习	5	4	3	2	1
	场馆中的体验非常生动，我很感兴趣	5	4	3	2	1
活动	本次活动形式新颖，对我进行研究性学习有帮助	5	4	3	2	1
	本次活动能够帮助我达到预期的学习目的	5	4	3	2	1
	活动中，教师指导及时、有效	5	4	3	2	1
个人锻炼	我在活动前能够认真地做好准备工作	5	4	3	2	1
	我在活动中能够细致观察，有效查找资料	5	4	3	2	1
	我在小组中表现积极，重视团队合作	5	4	3	2	1
	我在本次活动中有所收获，并得到了锻炼	5	4	3	2	1
本次活动，我的感想和建议：						

四、红色画廊：红色根脉的内化与表达

红色文化基因闪烁着中华民族一脉相承的精神追求、精神特质、精神脉络。通过红色根脉的内化与表达这一关键环节，引导学生了解祖国的苦难与辉煌，潜移默化地弘扬爱国主义思想，通过主题发布—绘画表达—走读体验—空间展评方式，用直观形象的招贴画、海报等艺术形式加深学生对爱国的理解，坚定为实现中华民族伟大复兴而奋斗的理想信念。

（一）主题发布：依托红色文化厚植爱国情怀

学校每年都有不固定时间的爱国主义教育月，结合建党百年、国庆节、九·一八等重要纪念日，组织开展"学党史，听党话，跟党走——校长讲党史""九·一八铭记历史，勿忘国耻""传承红色基因，迎接建党百年"等系列活动，让红色教育入脑入心。例如，本学期开展红色基因课程，以项目式学习的方式推进，将传统的课堂说教变成"体验式"熏陶，让学生多感官

参与。一年级走进红色革命故事,二年级了解身边的小英雄,三年级了解钱塘江、古海塘遗址,四年级走进家乡的名人轶事,五年级走近抗疫英雄,六年级走近航天航空英雄,以真实情境下的问题为驱动,引导学生自主发现、自主探究、自主绘制作品,讲述作品背后的故事,丰富学生的个体经验。

(二)绘画表达:依托红色行动坚定理想信念

常态化开展红色教育,让"红色文化"发挥育人、培养情怀的重要作用。每个活动开展后,学生通过招贴画、海报等形式将自己的所思、所感画下来。每次红色主题作品展都会引发学生思考:"作品中人物的精神品质是如何体现的?"通过交流分享,教师指导学生认识表达"爱国主义"的可视化元素,并将这些元素提炼出来,如了解董存瑞、狼牙山五壮士等革命英雄事迹,引发学生从不同角度去思考作品的表现方式,了解"红色"的表征和意向,理解英雄革命者为了理想和信念勇于牺牲自我、成就大我的可贵精神。学生理解红色作品的内涵,感悟精神品质,在潜移默化中丰富了自己的精神世界,坚定了理想信念。

(三)走读体验:依托红色课程根植民族自信

杜威强调活动是儿童的成长方式,也是学校教育的开展方式。通过有效的活动设计能够打造"激发学生思维"的场景,对学生进行最好和最深刻的道德教育。如2021年举办红色画廊主题画展(见表4-3-8),让学生进行走读体验。

表4-3-8 2021年红色画廊主题画展

年级	主题	资源及实施方式
1~6 年级	航天航空 画报展	1. 结合科学课开展中国航天史、航天科技发展史学习活动,感受航天人踏实敬业的工作精神、奉献付出的家国情怀。 2. 结合校科技节、区科技节,开展航天航空体验营活动。 3. 结合美术、信息举行全校航空航天主题画报、海报展示评比活动
1~6 年级	追寻革命人物、抗战英雄画报展	1. 参观烈士园,瞻仰革命烈士,了解他们的战斗历程和感人事迹,走访慰问革命前辈,学习革命家们坚韧不拔的革命精神。 2. 推荐阅读红色革命书籍,观看红色电影等,了解抗日战争、抗美援朝等历史事件。

续 表

年级	主题	资源及实施方式
1~6年级	追寻革命人物、抗战英雄画报展	3. 开展"我讲革命家故事、我为革命家画像"展示评比活动，将革命情感内化为行动。 4. 组织假期"追寻红色足迹"亲子实地研学活动，撰写成果报告
1~6年级	两弹元勋、院士科学家丰功伟绩画报展	1. 结合教材中的人物群像、学习强国等平台资源，提出学习主题、建议及要求。 2. 发布"两弹元勋"海报、"院士墙"招贴画等年级评选标准。 3. 与学校特色活动整合开展展示评选活动，多学科渗透红色教育
3~6年级	红色农耕教育作品展	1. 参加校内、校外的农耕基地活动，学习翻土、播种、施肥、管理等实践知识。 2. 走进社区，开展农产品义卖活动，撰写参与红色农耕活动的感想。 3. 举行"粮食安全"主题手工作品展

（四）空间展评：依托多样评价传承红色基因

学校为了培育少年儿童知史爱党、知史爱国、知史明智、知史担责的良好品质，进行了有益的探索和实践。以成果创造为引领，描绘学生真实的学习过程，成果分外显与内隐两种形式，外显成果以图文报告型、设计制作型、表演展示型呈现，内隐成果指学生在学习过程中收获的思想见解、语言表达、情感价值观等。

红色画廊设置"红色岁月""时代精神""航空航天"三个项目板块，为学生创设在真实场馆学习的情境，让他们与展品、陈设环境建立学习探究关系，从而引发他们去思考"不同时代共产党员的爱国主义精神"这一主题，并在分享交流中表达对新时代"爱国主义精神"的理解和认识，并结合学习感悟，通过招贴画、海报创作的形式，将抽象的感悟理解进行可视化的实物成果展现，从而提升学生对新时代爱国主义精神的认识和理解。

经历"班级—年级—全校"的层层选拔，借助红色画廊，提供舞台让学生展示，激发学生参与的积极性，同时帮助学生在不断挑战中提升自我素养。这一项目化学习的外显成果是学生精彩的作品及项目记录册，内隐成果则是在学习过程中培养的学生高阶思维、问题解决能力等。

第五章

成长驿站：

连接创造无限可能

我校成长驿站以实践育人为核心，打造了生活驿馆、学习驿馆、精神驿馆，汇集家校政社的育人资源，统整了具有东城二小特色的育人场域。每一个驿馆下的学习都是学生成长的站点。"驿站"担负着"实践"场域的连接，拓展了学习边界，用实践的方式培养具有实践能力和实践品格的人。在成长驿站的实践育人模式下，我校学生的综合学习素养呈现出高水平发展的新趋势，同时为学生五育发展提供了具有鲜明特色的新路径。成长驿站使教师教育理念和教学方式发生了重大转变，促使教师积极为自己的专业成长赋能，以更坚定的教育信念投身教育事业。我校成长驿站改变了学习的物理空间环境，形成了以实践育人为核心的教育话语体系，打造了教学改革区域范本。未来，我校将继续联动家校政社，共建文化共同体，扩大学校影响力，不断为提供更优质的教育做出努力。

第一节　学生实践品格的整体进阶

我校指向实践育人，创建了温暖而美好的成长驿站，在实践中培养具有实践品格的人，形成了学科融合、主题融合、项目融合、活动融合的课程样态，让学生成为亲家庭、亲自然、亲社会的幸福生活者，成为会沟通、会探究、会创新的问题解决者，成为有理想、有信念、有情怀的责任担当者，实现综合素养的全面提高。本节内容主要阐述了在成长驿站中，学生在生活驿馆、学习驿馆、精神驿馆中的实践成效。

一、生活驿馆：以学会生存为指向的生活力和实践力

生活驿馆有别于传统的学习方式，具有生存性、实践性、社会性，以提高学生自主生活能力、劳动实践能力和社会参与能力为目标，通过亲家庭、亲自然、亲社会教育，实现社会与自然、理论与实践、家校社的联通，让教育与实际生活真实连接。

（一）提升了学生的自主生活能力

"双减"政策实施后，通过对学生情况的抽样调查，我们发现95%的学生表示作业负担和校外培训负担大量减少，校内作业能够在合理的时间内完成。学生拥有了更多的闲暇时间和自主学习空间。在学校的教育引导下，学生积极参与了生活驿馆的活动，收获颇丰。

学校生活驿馆每次呈现的活动可谓是别出心裁。在课后，我们有更多的时间去做我们感兴趣的事情。比如，我会每天观察和记录自己种的植物的生

长情况，会每天去打理和养护班级植物园的植物，乐此不疲。

——六（4）班　李佳怡

孩子在实践中获得成功，具有成就感与满足感，提高了自信心。他们不仅得到了锻炼，还能在体验生活的过程中感受到劳动的意义，并培养感恩的意识，形成节约、善良的品格。

——教师　吴一清

生活驿馆拓展了学生在校的学习内容和形式，丰富了学生的生活体验，彰显了学生的主体性，让其在自主探索中学会新的生活技能，领悟新的学习方法，增长见识，提升自主生活的能力。

（二）完善了学生的劳动实践能力

我校引导学生积极参与生产劳动、宣传、考察、职业体验等活动，以此提升学生的劳动实践能力，同时发展他们的生存能力和责任意识。例如，在我校"我是小农夫"特色活动中，学生在劳动中得到了更实际的锻炼机会，在实践中受教育、长才干。

在东城二小的种植园内，只见劳动现场热火朝天，学生兴致盎然。30多名学生商议着分工合作挖蔬菜，有的负责摘菜，有的负责装袋（如图5-1-1所示）。大家虽然忙得满头大汗，但都沉浸在劳动与收获带来的欢乐中。最后大家还把采摘到的蔬菜洗净加工，午饭期间，大家一起品尝自己的劳动成果（如图5-1-2所示）。学生感叹道，自己亲手种植采摘的蔬菜吃起来格外香甜，也明白了"粒粒皆辛苦"的真正含义。

图5-1-1　劳动实践过程

图5-1-2　劳动成果

（三）增强了学生的社会参与能力

我校建设了"潮娃Family"社会服务网络平台，目前已注册的志愿者家庭有2700户，注册成员达6225人。据统计，2021年度学生共参与社会服务活动685次，累积服务时长10054小时。前区委书记给予了高度肯定："这个形式好，政协、卫计委、教育共同努力打响'红袖章Family'品牌，各街道要予以支持。"

通过潮爸潮妈课程和研学活动，学生积极参与社会实践活动，感知社会生活，增强社会参与能力，树立家国情怀，在社会实践中获得经验，把已有的知识与实践相结合，更好地发展社会实践能力，培育社会责任感及社会主义核心价值观。

在我校研学活动中，二（7）班的荷露小队前去浙江省博物馆参观（如图5-1-3所示），回顾和感受先烈们是如何用钢铁般的意志和殷红的鲜血，为我们创造了今天的和平与安宁！学生看着伟人介绍，肃然起敬，佩服伟人的领导力和勇猛杀敌的英雄气概，根植了爱国初心！这种活动我校每学期都会开展很多，学生在参与和实践中，洗涤心灵，加强爱家、爱国情怀。

图5-1-3　浙江省博物馆研学活动

二、学习驿馆：以问题解决为导向的学习力和自主力

学习驿馆以学科、生活、自然为内容，对知识进行体验和实践。通过实践活动，培养学生的学习力和自主力。学习驿馆中的学习资源是具有研究

价值的，同时与学校课程内容相吻合，让学生能够更广泛、深入地学习与沟通，探究与创新，从而解决实际问题。

（一）增强了学生的沟通合作能力

学习驿馆为学生提供了合作交流的空间。当学生独自完成任务时，常会遇到无法解决的问题，这时往往需要彼此合作以完成任务。在学习驿馆中，每个学生都有平等的机会表现自己，学生与学生之间的相互交流和良性竞争，能使他们正确认识自己，对待别人，如：善于表达的学生，其沟通协调能力展现极佳，而不善表达的学生在环境的带动和感染下，亦能鼓起勇气表达自我。学生的沟通合作能力增强了。

在地方课程实施的过程中，我校老师根据学生能力水平、性格特点、性别差异等，将班级分成若干个互补性学习小组（见表5-1-1），从而提高学生的沟通合作效率。

表5-1-1　互补性学习小组安排

两人组合	AC	BB	AB	BD
四人小组	ABBC	BBCD	AABD	ABCD
六人小组	AABCCD	ABBCCD	AABBCD	ABBBCD

A：代表组织能力相对强的优生

B：代表学习能力较优，表现欲稍弱于A的优生

C：代表学习能力一般的学生

D：代表能力较弱的学生

这样的安排使优生均衡分布在小组间，使组内优势互补，有利于讨论、解决问题，各小组实力均衡，也更能促进组与组之间的积极性。各组同学之间也可以经过商定自行对换，具有自主性，体现民主性，有利于学生掌握合作的技能，承担小组的责任，使每个人的努力可见度增加，让学生进一步体会到个人在任务中的成就感。

（二）激发了学生的探究创新能力

创新是一种普遍存在的人类事实，也是人区别于其他动物的一个重要

特征。人有与生俱来的创新欲望和潜能，"培养创新人"是教育主题中应有的要素，教育需要激活学生创新的欲望和潜能，引导学生产生创新的动机并找到创新的方法。学习驿馆为学生提供了一个在生活中应用知识进行实践创新的平台。通过实践，学生进入真情境，解决真问题，创造真成果。创新学习，打开了知识学习与实际生活之间的通道，让学生能够有效运用所学知识解决实际问题，提高了应变力，为学生未来生活奠定了有力的素养根基。

从表5-1-2可以看出，我校学生的创新实践能力整体水平较高，其中探索能力、解题能力、动手能力、想象能力等方面不仅均值较高，而且相对比较稳定，从高分比例也能看出，我校学生在运用知识、解决问题能力方面表现较好。下面将以我校科技节的项目为例加以说明。

表5-1-2　创新实践能力要素指标

序号	创新实践能力要素指标	算数均数	变异系数	满分频率
1	资源整合能力	3.1	0.19	0.5
2	探索能力	5.1	0.12	0.7
3	解题能力	6.3	0.18	0.9
4	动手能力	5.2	0.19	0.6
5	想象能力	4.1	0.18	0.5
6	运用知识能力	3.7	0.14	0.9
7	逻辑思维能力	3.8	0.17	0.7

在我校第九届创想节中，老师提出了"你能将一枚普通生鸡蛋由高楼上抛到水泥地面上，而保持蛋壳不破裂吗"问题，同时要求装置结构质量要轻，装置外观完整且外形美观。学生通过小组合作或个人挑战，统整已学知识，链接新旧知识，经动手实践后，发现降落伞减速型、框架稳定结构型、外包装减震型这三种结构比较好。受到启发后，他们不断创新着各自的作品，最后，不仅让鸡蛋成功从高空掉落地面后完好无损，而且能满足装置质量高、美观完整的要求（如图5-1-4、图5-1-5所示）。

图5-1-4　"鸡蛋撞地球"活动作品　　　图5-1-5　活动现场

（三）提升了学生的问题解决能力

随着人工智能时代的到来，培养能够进行批判性思考、具备"创新能力"和"创新思维"的时代新人，成为我国基础教育改革的重要理念。《中国学生发展核心素养》将"实践创新"作为六个学生核心素养之一。在基础教育改革中，培养学生的创新能力，需要转变课堂教学模式，将"问题解决"作为课堂教学的重要内容。"问题解决"能力是在解决问题的过程中采取"何种策略"并不断优化的能力。我校在培养学生的问题解决能力方面进行了积极探索，并取得了一定的成效。

在数学课堂上，教师设计了"制作简易伸缩门"的项目（见表5-1-3）。从材质的选择到构造部件的严密性，再到最后的优化创新，陈同学在整个项目制作过程中，经过不断实践、探索、自我反思、改造创新，最后达到了最佳的状态。对于学生来说，在整个项目的实施中，不只是简单地展现产品，而是在项目过程中培育反思意识与自我的成长。

表5-1-3　数学"简易伸缩门"问题项目活动

班级　四（1）　　　日期：　2021/11/28

成员及分工	陈同学，爸爸
设计平面图 （画一画）	
制作所需材料	美工刀、数学小报、工字钉、直尺、剪刀、橡皮泥、纸板、双面胶等

续 表

模型制作过程（写一写实践步骤，附过程照片）（完成后汇报制作过程）（可附页）	

1. 材料整备　　2. 画图　　3. 切割纸板

4. 组装两头的长方形纸板　　5. 组装数学小棒　　6. 长方形纸盒和菱形数学小棒组装

7. 组装后伸缩门不稳定，实验失败。

总结：实验失败，由于选材时间比较紧张，陈同学直接使用了现有的材料（数学小棒），它是一种不太坚固的材料，在组装菱形的时候很容易使菱形在收缩过程中变形散开。最终，两边长方形和菱形小棒部分拼接起来效果很差，最终导致实验失败！

三、精神驿馆：以使命担当为导向的胜任力与创造力

精神驿站是为学生提供心灵休憩的教育实践场域，是为学生提供社会关联的教育引导纽带，是为学生提供榜样力量的教育支持资源。通过以心灵引领心灵，以人格塑造人格的教育，学生在理想信念、爱国情怀、责任担当方面的意识逐步提高。

（一）立志有方向：坚定学生的理想信仰

在学生参与的"我长大以后想做什么"的问卷调查中，我们发现，梦想成为科学家的学生明显多于梦想成为明星的学生。这反映了我校学生具有崇高的人生价值追求和坚定的理想信仰。除此之外，我校开展的军训活动更是直接感化了学生，使其树立了更坚定的理想。

在东城二小五年级军训生活中，学生冒着小雨，怀着期待的心情乘坐大

巴来到了清远基地。简单的寝室整理后，他们立即集合参加开营仪式（如图5-1-6所示）。手臂端到发酸，膝盖站到发麻，都是军训的常态。看着身边"战友"毫不松懈的军姿，自己也暗暗挺直了腰杆。秋风渐凉，绿茵草地上热情不减。"1234、1234像首歌"，铿锵有力的口号响彻云霄。

穿上迷彩服的学生，个个精神抖擞，意志昂扬（如图5-1-7所示）。一早的热身运动对于他们来说，轻松加愉快，因为站军姿已成为家常便饭，个个雄赳赳气昂昂。当然，体能训练也是必不可少的项目，具有难度的俯卧撑，考验团结力的破浪式深蹲，他们都坚持下来了。军训两天，学生们经历了日晒雨淋的检验，如今他们眼神坚毅，气势锐不可当。校长说："你们是佼佼者，是脱颖而出的卓越者，有了你们，东二的明天一定会更加灿烂和辉煌。相信同学们将以饱满的热情和昂扬的斗志，以及良好的精神面貌投入未来的学习和生活中，迎接一个又一个挑战。"

图5-1-6 五年级学军学工活动合照

图5-1-7 学工活动剪影

（二）爱国有行动：厚植学生的家国情怀

成长驿站引领学生为身边人办实事、办好事，充分感受家乡和祖国的变化，铭记党的奋斗历程，培养他们服务人民、回报家乡的责任感和使命感，使其扎根祖国大地，树立远大理想，把个人前程与国家发展、民族命运深度融合。对于小学生而言，现在是坚定理想信念、厚植家国情怀的重要契机。近两年，我校学生前往红色打卡点共计2125人次，开展红色演讲56人次，红色教育深入人心。

在我校"小学生家国情怀"调查问卷（如图5-1-8所示）中，显示认为"中国是世界上最伟大的国家"的学生达90.3%；"听到外国人批评中国时的反应"，有96%的学生选择"正确的，虚心接受；不正确的，与其辩论，维护祖国的尊严和荣誉"；当问及"在国家和民族危难之际"做出何种选择时，选择"我愿意为国家献出自己的一切"的学生占91.4%；"如果加入其他国籍，身在国外，没有贡献，但心里为国家着想"的学生占100%。选择"我非常热爱杭州这座城市"的学生占99.8%；问及"你认为自己能为杭州成功举办亚运会做些什么"时，超过80%的学生选择了"从自身做起，为杭州争光""想成为亚运志愿者"。以上数据充分体现了学生正确的价值观和必备的人生品格。

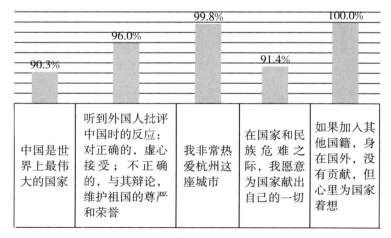

图5-1-8　"小学生家国情怀"调查问卷

（三）担当有作为：深化学生的社会责任感

儿童发展的关键阶段，环境的影响不容忽视，因此需要通过教育塑造儿童的责任意识，树立儿童与外界的良好社会关系。在成长驿站中，学生在驿站交往中感知和体验为自己、为他人负责的愉悦感，内心的责任动机、情感和意志被激发，从而内化为责任行为。

2020年9月14日，小小志愿者们来到了临平人民广场，参加由滴水公益协会组织的"我们只有一个地球"大型环保义卖助困主题活动，活动促使大家增强了环保意识，也激发了大家为社会奉献爱心的动力。此次假日小队活动——"爱心后备箱"义卖，引导孩子对生命教育有了新的理解，使其懂得正确处理人与自然的关系，学会爱护环境，感恩大自然。

在深化学生的社会责任感方面，我校教师积极整合教育资源，为师生参加各级各类竞赛比赛创造条件，并取得了丰硕的成果。

2018年10月，浙江省第三届"AST"杯生物科学竞赛正式启动，我校屏伽、忆珩、晨昊、畅然和芷瞳一拍即合，积极报名参加。在科学老师吴老师和郑老师的带领下，孩子们历时一月，完成了实践探究。次年5月，小队一早来到了西湖文化广场科技馆四楼交流厅，他们自信满满，脱稿汇报。现场答专家提问的环节，孩子们能够快速准确地作答（如图5-1-9所示）。在下午的公众展示环节中，我们的小队也不甘示弱，大方、卖力地给在场的科学爱好者介绍项目（如图5-1-10所示）。

图5-1-9　竞赛现场答辩环节

图5-1-10　竞赛现场展示环节

最终，小队获得了浙江省"AST"杯生物科学竞赛的金奖（如图5-1-11

所示），惊喜一波接一波，我们的研究项目还获得了本届大赛的最佳环保奖！比赛结束了，孩子们的内心久久不能平静，他们说，虽然获奖非常开心，但更珍惜在这个过程中收获到的知识和爱！

图5-1-11　浙江省"AST"杯生物科学大赛金奖

第二节　教师实践育人素养的全面提升

　　教师是落实立德树人根本任务的关键，是高质量育人体系的一个重要部分。学校以成长驿站为基，带动了教师的可持续发展与终身发展。教师是学生学习、生活和社会实践的价值引领者，培养学生解决真实问题的能力，教会学生像专家一样思考。本节主要阐述了教师在探索"成长驿站"实践育人模式的过程中，以更坚定的教育信念投身教育事业，变革育人方式，积极为自己的专业成长赋能，全面提升教师自我实践育人素养，做新时代的"大先生"。

一、成长驿站促进教师育人方式的深度转变

　　成长驿站，是教师对育人追求的一致认同，是教师教学方式的一种转型。成长驿站聚焦实践育人，培养时代新人，这和《国家中长期教育改革和发展规划纲要（2010—2020年）》指出要进一步加强新形势下实践育人工作，以及习近平总书记在全国高校思想政治工作会议上强调要重视实践育人不谋而合。在成长驿站的实践背景下，我校教师的教育理念和教学方式都有重大的转变。

（一）以身心全面发展为旨归的教育理念变革

　　"成长驿站"以落实立德树人的教育根本任务、提升学生整体身心发展水平为目标。其中，教师在落实这一教育目标中起到了主导作用。因此，教师的教育理念，包括学生理念、教学理念、管理理念、自我发展理念需要根据人的身心全面发展的需要发生整体性的转变。为了变革教师的教育理念，

我校"成长驿站"的设立与实施秉持教师教育一体化思维，在加强师范生职前教育的实践环节的同时，也为在职教师的专业发展提供了机会。一方面，成长驿站以教师的自主发展为中心，以教师的专业素质提高为目的，在目标、内容、方式和评价等各个方面满足教师专业化发展需求，形成网络化、信息化、统整化的教师研修模式。另一方面，教师将课堂常规落实、课题反思研究、项目课程设计等相互融合，在实践中不断强化价值取向、运行机制、内容范畴和实证方法，改革合作方式，践行以身心全面发展为旨归的教育理念。

（二）以核心素养生成为目标的教学方式变革

依托成长驿站，教师以核心素养为目标，将知识、技能、过程、方法、情感态度与价值观等多方面相结合，关注学生在其培养过程中的体悟，而非结果导向，使学生逐步形成适应个人终身发展和社会发展需要的必备品格与关键能力。在新课标核心素养的要求下，教师既是教学实践的操练者，又是教学问题的研究者和解决者。在教学实践研究中，教师应努力吸收新课标中的新理念，将其转化到教学实践中，并牢牢把握住三个问题：其一，教什么，即需要明确由核心素养构成的学习内容；其二，如何教，即需要提供有复杂学习体验的表现性任务；其三，教成什么样，即需要评量学生核心素养发展的量规。基于此，引领学生创造性地解决真实情境中的问题，在富有时代特色的实践中探索，在全新的教学领域中成长。如下列案例所示：

每年的春秋游研学活动是开展探究性实践的良好契机。在我校"小脚丫走杭城"系列研学活动的带领下，学校每学期都会开展项目式理念下的春秋游研学活动。比如五年级同学选择了南宋官窑这个手工艺传承项目展览地，开设"使团入都""官民之辩""呈圣上书""官品设计""工艺设计""品评赏鉴"六大系列探究路径。在学习过程中，学生对探究性学习有了更为主动的认知，在了解"南宋官窑"这一传统手工艺的同时，也通过积累、探究提升了综合素养；更为重要的是，教师在项目化过程中融合了学科教学技能，提升了教学整合能力，得到了专业化的发展，学校课程在项目化基础上也有了更为实践性的操作流程。

二、成长驿站打造了专业化的教师成长共同体

"学习为魂、反思为智、研究为脉、实践为体"是共同体的鲜明特征。新教育共同体以"分享合作，优质均衡"为目标取向，整合学校优势教育资源，形成一个合作、互动、分享的教育协作组织。

（一）基于"共学·共享·共研"的专业性教师成长共同体

我校以课题研究为旗帜、为抓手、为载体，不断放大它的实力、活力和魅力。以名师为核心，以学科为纽带，以团队为主体，以"专业引领，同伴互助，交流研讨，共同发展"为宗旨，构建集教学、教研、培训为一体的教师合作团队。

1. 三潮团队打造"共学"共同体

我校一直打造以"阶梯式研修"为依托的"三潮团队"，建设师德高尚、具有专业素养的发现之师。三潮团队主要由教龄集中在1~8年内的青年教师组成，分为启潮教师、逐潮教师和弄潮教师。因每个阶段的教师有着不同的个性需求、不同的发展规划、不同的考核指标，最终在团队共学后得到相应的成长。学校也会不断关注老师们在教育教学能力培养上的收获，鼓励全体教师会上课、能写作、会反思、讲成效。

2. 专家团队构建"共享"共同体

目前学校成立了双名工作坊，特级教师与区名班主任领衔学科与德育，贯彻双线导师制，聘请了林正范等10余名杭州师范大学学者教授为学校智库团，培养三潮梯队教师共计57名。学校以"启潮杯""发现杯"教师素养大赛，"东城教育集团课堂节"，"学术节"等课堂赛课、学术活动为平台，以特色新教师培训——"东二之夜"师训平台、"咖啡论坛"等为载体，通过专家引领、实践反思、团队互助、自我研修，促进教师专业成长，专家陪伴式的持续指导实现了教师科研的持续性与深入性，实现教师个体与群体的发展统一，构建了学习型、辐射型、合作型、研究型的教师共同体。

3. 校本研修营造"共研"共同体

在教研组建设上，我校一直以常态化、主体化、序列化、模块化为建设

理念，推进东二教研团队的建设。学校积极思考并明确教师发展目标，以实践育人为学校特色发展方向，为教师制订了切实可行的校本培训方案，包括教育理论培训、班级管理培训、教学能力培训等，在区域校本研训优秀校的契机下，扎实推进，确保人人都是实践者与创造者。

（二）"名师引领·课题驱动·自主成长"的教师培养机制

扬帆鼓劲明方向，名师引领齐远航。为发挥省、区特级教师的示范引领作用和人才培养效益，结合教师队伍层级体系建设需要，我校建立了特级教师工作室。同时建立双名工作坊，其工作核心围绕着提高课堂效率和探索理想课堂实施的路径展开，通过携手融通式、"三题"研修、理论式研修、"四小"研修的模式，助力教师成长。

1. 特级教师工作室引领教师成长

特级教师工作室将在上级部门的督导和指引下，充分发挥群体的专业合力，通过理论学习、教学研讨、课堂观摩、主题讲座等形式，持续努力带动一批优秀青年教师、骨干教师和学科名师的专业成长，为我校区域共同体和学校的教育优质发展贡献力量。

2018年8月，我校蒋何峰老师赴新疆阿克苏援教，在阿克苏市第四小学任援疆副校长，刚到学校一个月，他就有了个新绰号，蒋三疯。

蒋老师说，大家称呼他"三疯"，主要还是因为自己在援疆期间的三个表现。一是，当时对教师的考查是以听评课的方式进行（如图5-2-1、图5-2-2所示），他听课听得挺多的，而且听的时候要求很高；二是，在传帮带方面他做得也还可以；三是，在课程研究的后期，是他们搭建起了整个课程体系。我认为"疯"，其实更多的应该是一种在整个过程中的用心、用时，还有用情。

图5-2-1 蒋何峰老师听课画面　　　　图5-2-2 蒋何峰老师评课画面

来到阿克苏不到一年时间，蒋何峰老师听了两百多节不同科目的课，他还结合杭州学校的优秀经验，提出"渐循课"的校本研训方式，用以指导提高青年教师课堂教学效果。在此方式的引领下，各个学科的校本教研活动频繁开展，阿克苏第四小学教师的能力也突飞猛进，各种奖项与荣誉纷至沓来：指导教师地区级获奖第一名3人次，第二名4人次，第三名1人次；市级获奖第一名9人次，第二名7人次，第三名2人次；指导教师进入国家级复赛，并在自治区级获奖……而这种校本研训的方式，也获得了阿克苏地区的一等奖。

除了要在课堂上激发学生们的兴趣，蒋何峰还琢磨上了学校的顶层设计和课程建设，期望通过一个美好教育的范例，为阿克苏市教育提供课程完整建设的样本，让它不仅成为阿克苏第四小学的"承包地"，也成为阿克苏市教育的"自留地"。他希望通过这个课程体系，最终让孩子们能够发现美、欣赏美、创造美，朝着这样的"美好教育"目标，"致善·五红"课程体系也渐渐落了地。

2. 双名工作坊驱动教师成长

学校定期邀请高校专家到校指导，通过讲座、研讨、进班听课等形式从理论和实践上进行双层指导。同时，定期邀请名师，成立双名师工作坊，增强共同体内教师的联动和互助。

我校与常山县阁底小学被列为浙江省教育厅2022年跨地区教共体结对学校。为进一步加强两校教学合作，提升双方教学管理、课程建设、教学实践等管理与研究能力，校长郑君辉带领双名工作坊成员赴常山县阁底小学开展了为期两天的送教活动。本次线下名师工作坊、名班主任工作坊活动带来了精彩的主题报告和课堂教学，希望通过交流沟通，践行"浙里优学"，实现教育共富。

同年，我校与阁底小学借助网络平台，共享十余节优质课，分享东城二小的发现课堂研究。此外，我校派出了以优秀教师吴甜甜、郭彦青、李菊莲为代表的支教团队，在阁底小学进行了为期15天的支教活动（如图5-2-3、如图5-2-4所示），并与阁底老师"一对一"结对，共同成长，教育帮扶，指导新教师发展。在阁底小学还设立了省特级教师郭彦青老师带领的名师工作室，以及名班主任李菊莲老师带领的名班主任工作室，持续为阁底小学的教师培养助力。

"教育共富"的意义在于共同进步，共同成长。通过不断实践和创新，老师们对教育也有了更深刻的理解，在推动教育共富的路上，我校将努力做出自己更大的贡献。

图5-2-3 我校与阁底小学跨地区教共同体活动

图5-2-4 活动剪影

双名工作坊一方面从育人目标、教学资源、学程预设、导航策略、作业设计、调整反思等环节，构建"高效课堂"的基本备课范式，为一线教师提供教学参考，为实施高效课堂奠定基础；另一方面，改变课堂的组织和管理方式，明确课堂的组织流程，用有效的课堂管理机制和教学范式确保课堂效率的全面提升，这也是双名工作坊的题中之义（如图5-2-5所示）。

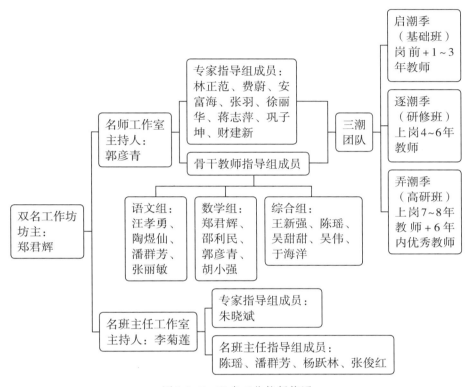

图5-2-5 双名工作坊解构图

3. 教育科研助推教师成长

教师作为教育创新的关键力量，其专业素养和科研能力至关重要。我校邀请高校专家定期参与学校的项目论证，不定时进学校课堂观察指导，高校专家不但给予我校教师专业指导，也给予学校整体的发展规划、课程规划指导，同时，学校骨干教师深度参与高校的课题研究，真正实现了合作共赢。

第一，携手融通式。在学校龙头课题引领下，借助区24学时培训种子学校、市学教方式变革基地、大学协作下的TDS教师发展学校等平台，融合丰富的资源，如专家资源、理论支撑等，携手发展。

第二，"三题"研修。集合各方优势资源组成课题小组，聚焦学科焦点或难点，确定专题，针对感兴趣和值得探讨的话题，展示头脑风暴，营造

"对话场",共同"建构",共同发展。

第三,理论式研修。从学校骨干团队到三长团队,再到全校教师(含TDS教师)卷入式研究,由点及面,层层推进,并以"东二之夜"或"咖啡论坛"的方式开展,提高理论修养,为实践打下基础。

第四,"四小四个一"行动。以教师小课题切入,构建"四小"研修模式,即着眼小现象、确立小课题、探索小策略、解决小问题,开展"四个一"行动,即选好一个小课题、设计好一份研究方案、开展好一次研究活动、总结好一项小课题成果。

(三)秉持"合作·开放·共生"实践品质的特色教师文化

教师文化是教师的价值观念及行为规范,是构成学校文化的元素。教师因资历、社会背景及社会化过程不同,价值观念及行为方式、对教育工作的影响也会不同。而"潮"是一种迎头赶上、激流勇进的磅礴气势,与学校教师培养的"激情、开放、奋进"目标一致。

1."潮"教师文化圈

教师是实践育人的引导者、先行者,正是教师共同体的滋养与实践,从而形成了一种具有良好的学习氛围,构建了TDS教师发展教育共生体,在合作模式下谋求资源共享、优势互补、共同发展的教师文化圈,并涌现出一批"潮"教师,他们在课堂教学、课程开发、课题研究中都有所建树。

2."东二之夜"生态圈

我校的另一个典型教师文化为"东二之夜"。"东二之夜"是对时间和空间的形容,是年轻教师的发展空间,是"老"教师的经验讲台,是各类专家的传授之地。晚上短短的2~3小时,是教师业余时间中珍贵的学习时间,它能使老师们收获满满。"东二之夜"文化对教师的指导与展望是具体的、可操作的。

第一阶段,1~3年教龄的新教师:自悟式研修,站稳站好讲台三年。新教师往往存在教育理论与实践脱节的现象,学校量身打造了"扶、树、补、增"的立体式指导(如图5-2-6所示),让他们在自我领悟中前行。

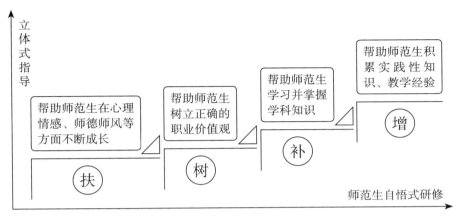

图5-2-6 "扶、树、补、增"的立体式指导

同时，学校坚持教师专业发展的实践和问题导向，通过专题汇报、案例剖析等开展集中培训，如"师徒结对""青蓝工程""同课异构"等校本培训。通过教学剖析会、现场诊断台等辅助形式，教师在不断实践、反思、研究中获得提升。

第二阶段，4～8年教龄的骨干教师：思辨式研修，钻研"发现课堂"纵向贯通、横向关联单元内容，转化为大单元、微项目、真情境的校本改造。同时对课堂教学设计、内容、效果等进行深入思考，以理论学习、案例分析、视频解读、现场诊断、网络研讨等辅助形式开展活动。

三、成长驿站提升了整体教师队伍的学习力

教师的学习力是学习动力、学习毅力、学习能力和学习效力内在的综合。在教学过程中，教学方法的选择和运用是否得当，直接关系到教学工作的效率和效果。新时代的中小学教师要善于创新，形成个性化、特色化的教学方法。培养具有创新意识和创新能力的教师，需要将教育实践能力转化为教科研能力，这不仅是时代发展的需要，是新课改的需要，是学校中心工作的需要，更是教师自身发展提高的需要。

（一）提升了教师的教学创新能力

教师开展愉快教育，做好兴趣教学，寓教于乐，寓学于乐；开展目标教

学，降低学生课外学习负担；贯彻因材施教原则，做好分层教学。近几年，我校教师各级各类示范课取得了丰硕的成果。

我校倪伟娣老师（如图5-2-7所示）一直担任学校综合实践活动课程和地方课程的教研组长。入职第二年，她执教的《王星记纸扇》一课获得区地方课程教学评比二等奖，她就此和地方课程结了缘。此后，倪老师又研究钱塘江古海塘，组建"海塘文化"社团。如今，走在校园里，"海塘老师"是参加过该社团的孩子对倪老师的爱称。与此同时，倪老师还承担了多次教学研讨展示活动任务，录制了杭州市名师公开课《毕昇与活字印刷》。

倪老师认为，地方文化是一个地方传统的、历史的和思想的结晶，是一个地域非常宝贵的资源和财富，个人的成长离不开生活环境里文化的滋养，而学习产生于实践，通过综合实践活动的学习方式，培养学生积极学习的态度，注重学生的能力提升，满足了学生个性化的差异发展需求。

图5-2-7　我校倪伟娣老师执教地方课程

（二）提升了教师的科学研究能力

在成长驿站的实践背景下，教师逐渐发现了教育教学中存在的问题，明确了自己教研的努力方向，进行了"积累—总结—再积累—再总结"的过程，他们不断地在学习中充实，在教学相长中提高，在教学反思中创新，在经验总结中成熟，在教育科研中提升。当然，教育科研不是一个人或者几个人的事情，在科研的路上，学校构建了教师学习共同体，形成了教师专业成长共同体，教师们共同开展教研活动，取得了丰硕的研究成果。

　　我校教龄9年的朱姗姗老师，在教学工作中，一直坚持学生立场，始终用研究者的心态看待课堂上发生的任何问题；在行政岗位上，朱老师担任教科室主任，兢兢业业、有条不紊地推进教科研工作，及时辅导其他老师的论文研究；在团队中，她勇于担当责任，与团队成员互助成长。

　　在个人教科研方面，近六年来，朱老师发表省级以上刊物共7篇，且杭州市小班化论文荣获一等奖；杭州市教学论文、德育论文、少先队论文、法治教育案例等13篇文章获得二、三等奖；获区一等奖教学论文、德育论文共计11篇，区二等奖论文12篇，区三等奖论文6篇；获得杭州市基教课题、杭州市教育学会课题立项、区教育科研优秀成果二等奖3项；此外，举办讲座、公开课等15场，并荣获江干区班主任基本功大赛二等奖，其带领的中队获得"全国动感中队""杭州市动感中队"等称号。

　　由朱老师执笔的"五维五多：指向小学生实践能力的新学习样态研究"在2021年杭州市教育科研优秀成果（综合类）中荣获一等奖；"学习驿馆：基于空间变革的小学生新学习样态研究"获杭州市第四届教育科研重大课题立项；"实践驿站：指向创新实践能力的小学生新学习样态研究"荣获区教育科研优秀成果一等奖……

　　朱老师将本着"勤学、善思、实干"的准则，一如既往，再接再厉，让工作尽善尽美。相信今日含苞欲放的花蕾，明日定能盛开绚丽的花朵。

第三节 学校"金名片"
品牌文化的整体打造

经过十年探索，学校形成了成长驿站的实践育人体系，聚焦实践育人，创新学习空间，丰富实践方式，致力于解决真实问题，渗透情感价值和必备品格，培养学生的实践能力，锤炼其实践品格，促进学生全面而有个性地发展。成长驿站基于实践育人理念设计，以贴近生活、实际、学生为原则，坚持育人导向、问题导向、实践导向，形成集现实与理想、具体与抽象、限定与开放为一体的学习空间场域，为学生的学习和实践提供更广阔的空间、更丰富的选择，实现有限空间的再生长，也使学习评价更加立体。因此学校以实践育人为核心建设而成的成长驿站成了区域范本，产生了一定的社会影响力。

一、成长驿站的空间建设，打造学校特色育人品牌

成长驿站以空间场域变革为支点，在顶层打造上，秉持"强体验、趣空间"的理念，打破课堂和校园时空，寻求优质资源的支持，指向实施、内容的融合，将学校场景与自然、历史、文化场景相连接。以"实践"为核心，构建了生活驿馆、学习驿馆、精神驿馆三类空间场域，体现生活育人、学科育人、社会育人的核心功能。

点燃对知识的渴望，绽放对探索的兴趣。成长驿站的建设提倡尊重学生的成长规律，体现建筑的匠心之美，凸显教育的人文精神和儿童情怀。

因此，东城二小围绕着学校的办学理念，从校园中相对独立而又极富个性的小空间出发，结合学校特色和学生的成长规律，通过九条支线，将校内与校外的物理空间、书本与社会生活的思维空间、教师与资源的结构空间、当下生活与历史文化的情感空间连接起来，形成"1轴3馆9支线"的布局（如图5-3-1所示），迭代现有学生成长路线与育人空间图景，将实践育人具象化，赋能学生发展，开始了成长驿站的创建之旅。

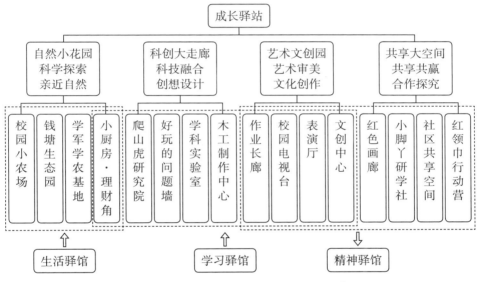

图5-3-1　成长驿站"1轴3馆9支线"空间布局

（一）爬山虎研究院

"向阳而生：爬山虎"作为学校的特色校本化课程，获评杭州市精品课程，课程包含丰富的文化底蕴和内涵，其中那坚持不懈、勇攀高峰的"爬山虎精神"更是值得每一个学生去学习体会。爬山虎研究院聚集了一批热爱研究、热爱科学的孩子们，打造特色社团，从不同学科角度对爬山虎这一植物进行教学资源再发掘。在研究院里，有孩子们亲手种下的爬山虎苗，有提供给孩子们观察实验的显微镜、放大镜、装片等，还有供他们测量记录的仪器，比如温度计、弹簧测力计、卷尺等。除了能有效培养学生科学学科的核心素养外，还可以将爬山虎精神贯彻到他们的学习生活当中，如角落里专门有同学之间相互分享的寻访爬山虎精神人物的手抄报和写满各种关于爬山虎问题的问题墙。图5-3-2、图5-3-3是爬山虎研究院和爬山虎问题墙。

图5-3-2　爬山虎研究院　　　　　　　图5-3-3　爬山虎问题墙

（二）好玩的作业长廊

学校致力于让学生创造着长大，秉承着"做中学、用中学、创中学"的理念。作业长廊的展示柜里摆放着许多不同主题的作品（如图5-3-4所示）：航天航空、充满创意的塔台、一滴水的旅行、不"纸"如此、我的小船我做……

图5-3-4　作业长廊的展示柜

作业长廊还有一面"会说话"的墙（如图5-3-5、图5-3-6所示）：一份份红领巾提案，是孩子们关注社会、校园热点，大胆提出想法的缩影；一张张毕业画，是孩子们对母校深深的祝福；一张张招聘海报，是孩子们责任担当的体现……

好玩的作业长廊努力让深度学习可见，让高阶思维发生，让学习连接社会，让学习真实发生！

图5-3-5　红领巾招聘会

图5-3-6　我为学校献一策

（三）"会说话"的问题墙

东城二小致力于让好玩的问题伴随孩子美好成长。好玩的问题墙，陈列着不同学科的84个问题，包含孩子们自己在现实生活中的问题、师生合作发现的问题……在好玩的问题的引领下，孩子们学会动手、动脑，在真实情境中解决真实问题，把设想的方法付诸实施，用以检验这种方法的可靠性，用学科眼光、学科思维去尝试寻求解决的策略，提升学科核心素养。

二、成长驿站的协同联动，提高学校整体育人水平

成长驿站的建设增加了学生实践学习的机会，"双减"后，校外学科类培训大幅减少，使学生的课后时间合理回归家庭、校外生活充分回归社会，学校抓住这一契机，重建家校、馆校、政校、社校之间的关系，通过"三爱"立场，打造精神驿馆，核心指向家国情怀的培养。实地参观场馆、基地、名胜等，拓展学生的实践学习参与领域，让学生有更多时间参与到真实场景的社会事务中，将习得的理论知识通过实践运用转化为实践能力，通过实践对照自身，镜观他人，不断提升个体综合素养，真正养成从实践的角度思考、解决问题的习惯，逐步形成具有实践意识、实践理性、实践能力的实践精神。

（一）夯实家校政社协同关系

实践育人体系引导学生在生活中学习、在社会中成长、在实践中发展，从全人的价值去育人。学校教育与家庭教育的协同育人，是学校落实成长驿站空间意识教育的重要策略。首先，学校帮助家长主动承担起家庭教育的责任，通过家教讲座、家长学校、家长委员会等渠道，指导家长转变家庭育人观念，提升家长的育人能力，引导家长尊重孩子的主体意识，培养孩子的自主实践意识。其次，家长要营造民主协商的家庭议事氛围，让孩子平等参与家庭事务的讨论、决策和决策的实施，培养孩子的实践参与、公共议事、责任担当能力。另外，从学校架构、人员安置、组织关系等维度，创新劳动教育、校园节日、小脚丫走杭城、童眼看世界等课程，实现班级、校园、社会皆能达成实践育人，打破学校、家庭和社会的壁垒，促使学生融入社会场景，在与他人交往的过程中去体验、适应，培养学生的责任担当和服务意识，增强职业体验。

2022年，杭州师范大学东城第二小学举办了第六届中国少年先锋队代表大会（如图5-3-7所示）。为了筹备好此次中国少年先锋队代表大会，队员们从9月份就开始准备，撰写提案（如图5-3-8所示），为学校献策，参与大队委竞选，进行队知识培训，自主设计邀请函，进行少代会环节彩排和会场布置，充分发挥了小主人的能动性，体现了少先队发扬民主、自己当家做主的主人翁精神。

图5-3-7　少先队代表大会　　　　图5-3-8　学生提案展示

（二）紧密家校政社联动关系

实践育人是一项系统工程，为充分发挥全面育人、全员育人和全过程育人的作用，既需要学校与家庭协同共育，也需要学校周边社区、公安、交通等政府部门的共同参与，只有各尽其责、密切配合，才能营造学生健康成长的校外空间。"双减"文件提出，拓展课后服务渠道，充分利用社会资源，发挥好少年宫、青少年活动中心等校外活动场所在课后服务中的作用。校外青少年活动第二课堂场馆有着丰富的馆藏文物、文化资源，是学校课后服务课程的优质教育资源，也是深受学生喜爱的社会公共空间。

学校邀请相关专家定期进校宣讲，增强学生的法治意识和安全意识；联合消防部门指导学校开展消防演练，培养学生的应急疏散能力；开展社区志愿服务活动，让学生通过公益实践，参与社区公共事务，深入了解周边社区的机构运作机制，体验社区各种公共规范的作用。巧妙整合学校、政府、社区、博物馆、工厂、企业等各类教育资源，协同发挥作用，促进学生全面发展。

2021年，在第五届提案答复会上，孩子们提出学校联合街道开展少年警校的活动，经过学校、社区、街道的三方协商，东城二小的少年警校正式成立。以学校为主、社区街道为辅，定期开展少年警校的日常训练（如图5-3-9、图5-3-10所示）。在蓝天救援队教官的帮助下，学校分别进行了队列训练、交通指挥、格斗等培训任务，也为队员配齐了服装、鞋、帽等装备。在十周年校庆活动中，小警员们帅气亮相，执行了纠察和引导的任务。

图5-3-9　小警员指挥引导

图5-3-10　少年警校训练

（三）构建家校社协同评价机制

成长驿站的十大路径指向人的动力系统——能量系统，让每个孩子的成长可测、可见。因此，建立体现"实践育人"融合的评价新标准，从指向学生全面与个性发展的综合素质评价、指向学生发展的增长性评价、基于核心素养的表现性评价和指向学习过程的形成性评价四个维度进行综合评定，让"融合育人"从过程到评价形成螺旋循环发展。学校创新评价视角：一方面，对学生整体的个性风貌进行分析判断。评价回到"整体的人"上来，关注与情境互动中的学生个体，对学习兴趣值、方法值、意义值等进行综合评估，打造了丰富的评价载体类型，其中包括成长护照、学习账单、潮娃云社群等，让每个学生的成长可测可见；另一方面，注重分析把握每个人的个性潜能，让评价激发学生发展的内在动力，研判对于可能性的科学把握，成为学生的发展潜力、发展方向的预测和引导。

2022年11月推进了东二"弄潮儿"学生综合评价体系，深化了小水滴—水精灵—潮精灵—弄潮儿依次进阶的评价体系，进一步建设线上评价平台。全新设计的东东币评价卡币正式上线应用，前后两批东东币，数量共计一万张；教师实现扫码操作绑定对应维度开展评价，操作简便快捷；学生通过刷脸或市民卡登录个人账号，利用校园终端机进行卡币录入；线上商城兑换模式预运行，将虚拟奖励与实物奖励相结合（如图5-3-11、图5-3-12所示）。

图5-3-11　学生综合评价体系　　　　图5-3-12　线上商城兑换

成长驿站聚焦"实践学习"，促进育人模式转型。学校"旧貌换新颜"，通过评价方式的改变引导教师教育教学理念和育人方式的转变，从多元化的角度发现学生的天赋，激发学生的潜能，培养既能全面发展又能适应未来社会需要的人才。

三、成长驿站的宣传推广，提升学校的教育影响力

（一）聚力教育共富，"友好学校"不断增多

近几年，学校连续多次赴钱塘区、建德等地参加杭州市优秀成果推荐会，赴贵州、广州等地分享经验。近几年，学校先后接待了新疆、西藏、山西、江西、湖北等省内外80多所学校来访交流，并定期赴友好学校指导，开展交流活动等。学校也积极承担结对学校干部培养的工作，先后完成了6期西藏与新疆等地学校的干部到东城二小的定向培养任务。学校根据挂职跟岗人员的学科、职务、特长等方面，"私人定制"跟岗计划，力求挂职人员在教育教学、管理能力等方面都能有所提升。"友好学校"不断增多，更好地传播了我校成长驿站经验，进而形成辐射效应。

自2015年开始，杭州师范大学东城第二小学团队主动承担社会责任，与贵州毕节十九小、毕节朱昌小学、西藏达萨二小、新疆阿克苏四小等学校结对签订定点帮扶协议。每年为当地贫困孩子捐赠学习用品、书籍、衣物等必需品。2019年，为新疆阿克苏四小捐款3万元用于图书购置，后又将帮扶辐射到了云南，与浙江蒲公英公益合作，开展了"好书千里行"活动（如图5-3-13所示）。

杭州师范大学东城第二小学于2021年承担了浙江省民生实事工程·教育共富项目，与常山县阁底小学组建跨地区教育共同体（如图5-3-14所示）。在阁底小学设立了"名师名班主任工作坊"，师徒结对34人，每学期推进同步课堂、同步教研30余次，共享10门线上课程，共同研讨课堂、作业及项目化学习，使教育帮扶走向深处，用实际行动讲好共同富裕的教育故事（如图5-3-15、图5-3-16所示）。

图5-3-13　教育共富友好结对

图5-3-14　跨地区教共体活动

图5-3-15　线上跨地区教研

图5-3-16　浙里优学课堂展示

（二）打造特色品牌，项目化学习模式走向全国

如阿克苏四小参照我校"九堡垃圾知多少"项目式学习模式，开展"阿克苏国庆期间一天消耗多少羊肉"的项目研究等。与重庆、武汉、广西、南京、内蒙古、青岛等地10多家研修机构访问团分享学校案例。2022年9月承办浙江省项目化学习展示月首场活动——"学科项目化学习联合论坛"（数学专场），会上分享了我校数学实践性学习典型经验。学校成为杭州市学习方式变革基地、中国新样态学校联盟校等，2021年被评为浙江省教师发展学校"优秀"学校。

"项目化学习"是东城二小的金名片。经过多年的实践探究，我校以项目学习推进学校课程改革，实现教与学的变革，引导学生在真实的情境中解决问题，逐渐形成了项目导向、生活情景、团队合作等具有鲜明特点的学习新样态。2022年9月15日上午，浙江省项目化学习展示月首场活动暨杭州上城—西湖"学科项目化学习联合论坛"（数学专场），在杭州师范大学东城第二小学隆重举行。本次活动由中国教研网、浙江省研训网面向全国进行直播（如图5-3-17、图5-3-18所示）。

图5-3-17　浙江省项目化学习展示

图5-3-18　项目化学习圆桌沙龙

参考文献

［1］怀特海.教育的目的［M］.上海：文汇出版社，2012.

［2］人民出版社.习近平：高举中国特色社会主义伟大旗帜　为全面建设社会主义现代化国家而团结奋斗：在中国共产党第二十次全国代表大会上的报告［Z］.2022-10-16.

［3］权国龙.主体赋能：智能学习的多感官体验［J］.华东师范大学学报（教育科学版），2022，40（9）：105-117.

［4］宋倩.儿童本位理念下童话阅读教学研究：以安徒生童话作品为例［D］.济南：山东师范大学，2020.

［5］朱自强.儿童文学概论［M］.北京：高等教育出版社，2009.

［6］岳欣云，董宏建.素养本位的教育：为何及何为［J］.教育研究，2022（3）：35-46.

［7］约翰·杜威.民主主义与教育［M］.王承绪，译.北京：人民教育出版社，2001.

［8］陶行知.陶行知全集（第四卷）［M］.成都：四川教育出版社，1991.

［9］徐莹晖.陶行知论生活教育［M］.成都：四川教育出版社，2010.

［10］董宝良.陶行知教育论著选［M］.北京：人民教育出版社，1991.

［11］中华人民共和国教育部.义务教育课程方案（2022年版）［M］.北京：北京师范大学出版社，2022.

［12］陶行知.中国教育改造［M］.北京：人民教育出版社，2008.

［13］中华人民共和国教育部.第十三届全国人民代表大会常务委员会第三十一次会议通过《中华人民共和国家庭教育促进法》［Z］.2021-10-23.

［14］中华人民共和国教育部.教育部等十三部门联合印发《关于健全学校家庭社会协同育人机制的意见》［Z］.2023-01-17.

［15］中华人民共和国中央人民政府.中共中央　国务院关于全面加强新时代大中小学劳动教育的意见［Z］.2020-03-20.

［16］陈羽洁，张义兵，李艺.素养是什么？——基于皮亚杰发生认识论知识观的演绎［J］.电化教育研究，2021（1）：35-41.

［17］邹红.小学学科与生活双向深度融合育人实践［J］.中国教育学刊，2022（8）：97-102.

［18］邱秋萍.生态学视野下自然资源项目学习的实践与思考［J］.知识文库，2022（22）：157-159.

［19］柳雅诗.基于自然的学习对小学生科学学习的影响［D］.上海：华东师范大学，2022.

［20］王坤庆.论精神与精神教育：一种教育哲学视角的当代教育反思［J］.华中师范大学学报（人文社会科学版），2002（3）：18-25.

［21］肯·罗宾逊.什么是最好的教育［M］.钱志龙，译.杭州：浙江人民出版社，2020.

［22］王坤庆.关于精神教育内涵的再思考［J］.湖北第二师范学院学报，2002（1）：89-93.

［23］中华人民共和国教育部.教育部关于印发《基础教育课程改革纲要（试行）》的通知［Z］.2001-06-08.

［24］中共中央，国务院.中共中央　国务院印发《关于新时代加强和改进思想政治工作的意见》［Z］.2021-07-12.

［25］张川.开展青年红色文化教育要练好三项基本功［J］.人民论坛，2019（16）：102-103.

［26］张新，戴如莲.依托红色文化遗产　推进理想信念教育：以遵义长征文化遗产为例［J］.中学政治教学参考：下旬，2012（8）：14-15.

［27］许灵.新时期爱国教育的新方式［J］.文学教育，2016（18）：180.

［28］杨雪梅.着眼点和面，让偶像之光映照生命成长［J］.班主任，2021

（8）：47-48.

［29］吴康宁.论培养"创新人"［J］.教育研究，2022（12）：32-47.

［30］核心素养研究课题组.中国学生发展核心素养［J］.中国教育学刊，2016（10）：1-3.

［31］肖光文.让社会实践成为学生成长成才的重要途径［N］.光明日报，2022-10-19.

［32］佐藤学.教师的挑战：宁静的课堂革命［M］.钟启泉，陈静静，译.上海：华东师范大学出版社，2012.

［33］李政涛."五育融合"推动基础教育高质量发展［J］.人民教育，2020（20）：13-15.

［34］窦桂梅.成志教育：清华大学附属小学立德树人实践研究［M］.北京：教育科学出版社，2019.

［35］怀特海.教育的目的［M］.靳玉乐，刘富利，译.北京：中国轻工业出版社，2011.

［36］宋欣欣.普希金小说中的驿站空间［D］.天津：南开大学，2022.

［37］中共中央办公厅，国务院办公厅.中共中央办公厅　国务院办公厅印发《关于进一步减轻义务教育阶段学生作业负担和校外培训负担的意见》［Z］.2021-07-24.

［38］徐宁，郑华恒."三空间活力课堂"助推学科实践［J］.基础教育课程，2022（6）：4-11.

［39］唐江澎，夏雷震，佟柠.变革学习方式，培育创造未来的终身学习者［J］.创新人才教育，2013（2）：46-54.

［40］刘艳.学科实践：作为一种学科学习方式［J］.教育研究与实验，2022（1）：57-63.

［41］杨莉，姜雪燕，王慧."一站一成都"：四川省成都市东光实验小学项目式学习案例分析［J］.基础教育课程，2019（6）：11-15.

［42］张超.项目学习在小学学科课程综合化实施中的应用：以"'桥'项目学习"为例［J］.教育（周刊），2017（26）：24-29.

［43］郑君辉.实践学习：课堂教学改革的应然取向［J］.上海教育科研，2019（5）：78-80.

［44］王立勋.让游学成为"校门之外学习真正发生的地方"［J］.基础教育论坛，2019（33）：16-17.

［45］周刘波.家国情怀教育亟待强化课程化实施［J］.中国德育，2019（12）：16-17.

［46］于俊霞.小学研学旅行活动课程开发研究［D］.石家庄：河北师范大学，2018.

［47］陈晓颖.小学研学旅行课程实施与设计改进研究［D］.南昌：江西师范大学，2019.

后 记 ▶

　　丑媳妇即将见公婆，内心有丝丝忐忑。《成长驿站：新时代城市小学实践育人的新赛道》是我们承担的杭州市第四届重大教育科研成果，亦是目标任务导向下的一份作业。回首查阅资料、专家指导、团队研讨、日夜笔耕的每一幕场景，我倍感欣喜，欣喜终于提炼完成了这份成果，欣喜在实践提炼中，人人自觉行动，学思践悟，以知促行，为东城二小的实践育人赋能增效。

　　种下一个梦想，用"实践"方式去育人。自从2015年来到东城二小，一幕幕场景清晰仿若昨天。新校尚未绿荫葱葱，又因安全问题而遇外墙改造，急愁绿植破坏之际喜遇爬山虎，从一棵棵种植，到爬山虎研究院建设，"爬山虎"成了东城二小重要课程事件的代言，指向以社会实践活动为主的跨学科主题学习，学习方式在东城二小悄然发生变革，观察、考察、实验、调研、操作、制作、创作……如何找到一个支点，构建新型育人方式？在学校顶层设计与课程建设中，非常感谢林正范教授、徐丽华教授、孙德芳教授、项红专教授、安富海教授等杭州师范大学专家，他们准确引领把握战略定位，为校本化落地定航。

　　坚定梦想，构建以实践为中心的新型育人方式。本研究从爬山虎研究院到成长驿站，创造性地丰富和发展了实践育人的重要经验，打造了新时代实践育人的校本化新赛道。在此，要特别感谢首席导师、浙江省教育科学研究院基教所所长林莉，杭州师范大学经亨颐教育学院院长严从根，杭州市教育科学研究院院长俞晓东，副书记副院长沈美华及重大课题联络员余锦霞……从人才培养追求到育人方法论，再到实施路径，数次论道定方向，循证研讨明思路，努力开辟东城二小实践育人新领域。

　　静悄悄地变革，梦想的样子朝我们一步一步走来。非常感谢东城二小全体教师充满教育智慧的创造和努力，这是学校变革的关键力量，是你们的倾情奉献与实践，改变着学校，为学校发展创造了无限的可能。近6年来，我们的研究成果连续被评为杭州市教育科研成果一等奖，省成果二、三等奖，实践经验被作为专题数次在省教研室组织的省项目化工作推进大会中进行介绍，学校成为杭州市学习方式变革研究基地、全国STEM实验学校、全国第三批新样态学校，成为澳大利亚堪培拉大学教育学院教育硕士实习基地、杭州师范大学教育硕士研究生联合培养基地。

　　本书记录了我们的思考和实践，每个人的贡献都镌刻在其中。感谢为本书的出版付出辛苦劳动的专家团队和撰写团队，特别感谢杭州师范大学徐洁、程建坤、李丽、杨茜、陈祖鹏、刁益虎等博士教授，全程参与我们的研讨，每人一章，对书稿的撰写和修改提出中肯的建议，精准把关，让我们有机会边整理、边学习、边提炼。

　　谨以此书献给每一位支持东城二小变革的省、市、区领导，专家和学者们，献给参与学校变革的所有教师和家长，是你们的关怀和引领、勇于实践和担当，让我们的梦想逐渐清晰——以实践为支点，建构城市小学实践育人新赛道！新时代新征程新起点，让我们再次坚定我们的教育梦想，共同诠释教育的美好、价值与力量！

郑君辉

2023年11月1日于杭州